差がつく 練習法

バスケットボール 目標設定ドリル

監修・著 鈴木良和 中田和秀 株式会社ERUTLUC

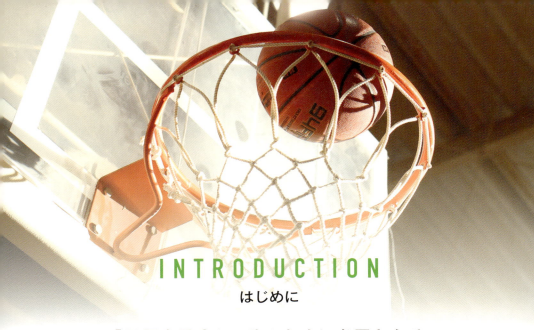

INTRODUCTION
はじめに

「目標を設定し、そのために必要となる
練習の目的を理解しよう」

　バスケットボールがうまくなるには、基本をしっかりと備えられるように練習することが大切です。基本練習で培われたプレーを習慣化することによって、試合でも使えるようになります。バスケットボールが「ハビット（習慣）スポーツ」といわれる所以です。

　これはバスケットボールの練習においてとても大切なキーワードではありますが、誤解されている部分もあるような気がします。

　『基本練習を頑張ってくり返しさえすれば、うまくなる……』

　確かに上達するには努力が欠かせませんが、練習のやり方に問題があると、努力があまり成果につながらないことがあります。

　どうすればいいのか──。努力が成果につながるように、みなさんにまず目を向けてほしいのは、これです。

　『必要となる練習の目的を理解した上で目標を設定し、日々の練習に取り組む』

　それによって、自分が期待している効果を練習のなかに見出しやすくなると感じます。そこで本書では1年間を成長段階で整理し、毎月各種スキルを実戦的に磨いていけるように構成してみました。

　もちろん取り組むべき練習には個人差がありますが、目標を設定する意味や、練習の目的を理解するようになるだけでも、みなさんの努力の成果をさらに引き上げられるはずです。

　またどのように練習をしたら良いか迷ったときなどに本書を開いてもらえたら、このうえない喜びです。

鈴木良和
中田和秀

CONTENTS
目次

2 ── はじめに
6 ── 本書の使い方

序章　目標設定の重要性

8 ── 本書の考え方
9 ── 1ヵ月ごとの目標設定
10 ── 長期・中期・短期の目標を設定する
11 ── 日々の練習を適切に組み立てる
12 ── 練習をより効率的なものにする
14 ── 「勝利の原則」とは
16 ── 置かれた環境に応じたメニュー設定

1st Month　技術を習得するための土台をつくる

18 ── Menu 001　片手シューティング
20 ── Menu 002　3点ドリブル
22 ── Menu 003　対面パス
24 ── Menu 004　30秒レイアップ①
26 ── Menu 005　ステップスライド
28 ── Menu 006　ポジショニングドリル

2nd Month　思ったとおりに体を動かす

30 ── Menu 007　連続ジャンプシューティング
32 ── Menu 008　ベーシックドリブル①
34 ── Menu 009　マシンガンパス
36 ── Menu 010　マイカンドリル
38 ── Menu 011　ハーキースライド
40 ── Menu 012　パスアンドランドリル

3rd Month　できることを増やす

42	Menu 013	1分シューティング
44	Menu 014	ベーシックドリブル②
46	Menu 015	ノーファンブルパス
48	Menu 016	30秒レイアップ②
50	Menu 017	シュートブロックドリル
52	Menu 018	ドライブアンドキックドリル

4th Month　自滅のミスを減らす

54	Menu 019	スキーマシューティング
56	Menu 020	2往復ドリブル
58	Menu 021	ツーメン
60	Menu 022	ワンステップアヘッドドリル
62	Menu 023	スペーシングドリル
64	Menu 024	シェービングドリル

5th Month　プレーの正確さを上げる

68	Menu 025	4本シューティング
70	Menu 026	リトリート
72	Menu 027	スリーメン
74	Menu 028	パワーレイアップ
76	Menu 029	ドリブル制限ドリル
78	Menu 030	2on1

6th Month　より高い確率のプレーをする

80	Menu 031	クイックモーションシューティング
82	Menu 032	テニスボールドリブル
84	Menu 033	投げ上げパス
86	Menu 034	フォースディレクションドリル
88	Menu 035	3on2
90	Menu 036	30秒1on1

7th Month　対人でのプレーで技術を発揮する

92	Menu 037	クイックフットシューティング
94	Menu 038	インフルエンス
96	Menu 039	ペネトレイトパスドリル
98	Menu 040	アンクルブレイク1on1
100	Menu 041	3on3
102	Menu 042	ノーレイアップドリル

8th Month　相手のプレッシャーに負けない

104	Menu 043	ドリブルキープドリル
106	Menu 044	パスレシーブドリル
108	Menu 045	ジャングルドリル

110	Menu 046	ディナイドリル
112	Menu 047	条件つき 4on4
114	Menu 048	オフドリブルシューティング

9th Month　状況を判断できるようにする

116	Menu 049	100本シューティング
118	Menu 050	ダブルチームドリブル
120	Menu 051	シグナル対応ドリル
122	Menu 052	オフドリブルジャンプショット
124	Menu 053	ヘルプドリル
126	Menu 054	4on4

10th Month　どんな相手でも確率を下げない

128	Menu 055	ラピッドファイヤー
130	Menu 056	ドリブルコンボ
132	Menu 057	ブレインボール
134	Menu 058	勝ち残り 1on1
136	Menu 059	アウトオブバウンズプレー①
138	Menu 060	ノーペイントドリル

11th Month　チームとして良いプレーをする

140	Menu 061	スターシューティング
142	Menu 062	1on1 ボールダウン
144	Menu 063	スリーメン・ツーディフェンス
146	Menu 064	リバウンドゲーム
148	Menu 065	アウトオブバウンズプレー②
150	Menu 066	1on1 コンペ

12th Month　試合にアジャストする

152	Menu 067	フラッシュシューティング
154	Menu 068	1on2 ボールダウン
156	Menu 069	パッシング 5on5
158	Menu 070	1on2
160	Menu 071	ディフェンス勝ち残りゲーム
162	Menu 072	シチュエーションドリル

Routine　毎日継続してほしいトレーニング

164	Menu 073	体幹トレーニング
166	Menu 074	股関節・肩甲骨トレーニング
168	Menu 075	カップリング（連結）
170	Menu 076	コーディネーションレイアップ
172	Menu 077	アジリティ＆ジャンプトレーニング

174		おわりに

本書の使い方

本書では、設定が難しいといわれる目標値をレベル別に掲載しています。「たくさんやっておけばうまくなるだろう」「とりあえず10回」ではなく、適正な目標値を設定し、それを達成することでもっと強い選手・チームになれます。練習に取り入れてみてください。

▶ 3段階の目標値
初級・中級・上級の3段階で目標を設定してあります。最初はできなくても、1ヵ月が終わるころには目標とするレベルを達成できるようにしてください。同じ月でも難易度に差がありますので、クリアしたら次のレベルを目指しましょう。また、「時間」の欄は各メニューにかかるトータルの練習時間を掲載しています。

▶「なぜ」その練習が必要なのか
ただメニューをこなすだけでなく、目的を持って取り組むことでさらに効率よく上達できます。指導者・選手ともに理解しておきましょう。

そのほかのアイコンの見方

特に注意しておいていただきたいポイントです

難易度を上げたメニューを紹介します

練習のアレンジや追加解説です

序章
目標設定の重要性

まずは練習の組み立て方をおさえておこう。
そのなかで目標をどのように設定すれば良いのか──。
そもそもどうして目標を設定することが必要なのか──。

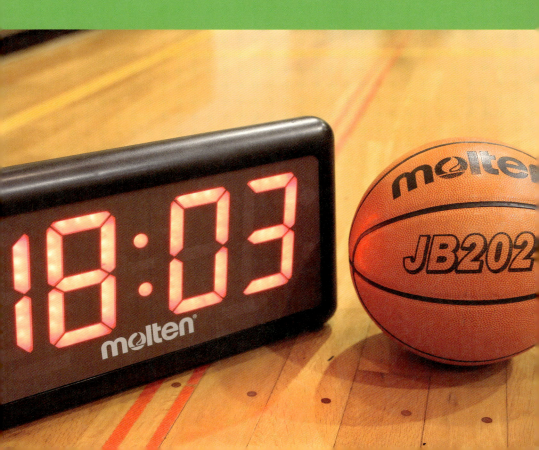

本書の考え方

あてはまる項目があったら、今すぐに本書を読むことをおすすめします。

☐ **勝ちたい。でもどんな練習をすればいいの……？**

☐ **長い時間かけて練習をすれば強くなると思う**

☐ **いつも同じメニューで練習している**

☐ **「目標値」ってなに？**

「どのような練習をすれば、うまくなりますか？」
「どのように練習メニューを組み立てれば、チームは強くなりますか？」
　私たちはバスケットボールの家庭教師をしていますので、よく選手やコーチからこういった質問を受けます。
　誰にでも、どのチームにもあてはまる魔法のような練習や組み立て方はありません。しかし目指す目標と今の自分のレベル、そして達成するためにかけられる時間がわかればそのお手伝いをすることができます。多くの方は新チーム発足から1年程度で勝利を目指すと思います。本書では3段階のレベル別に個人またはチームの目標値を設定し、12ヵ月で強くなれるようにメニューを紹介していきます。

★目標値のレベル（目安）

上級　都道府県で選抜されるくらいのトップレベル。中学生でいえばジュニアオールスターに出場、高校でいえば全国大会の主力クラスのレベルです。

中級　練習ではできるものの、試合ではそこそこの活躍にとどまる平均的なレベル。上級にはひと山がありますが、くじけず乗り越えましょう。

初級　バスケットボールを始めたばかりの小・中学生など初心者レベル。数ヵ月で中級にレベルアップできるように頑張りましょう。

1ヵ月ごとの目標設定

▶ **1ヵ月目**
技術を習得するための
土台をつくる

▶ **2ヵ月目**
思ったとおりに体を動かす

▶ **3ヵ月目**
できることを増やす

▶ **4ヵ月目**
自滅のミスを減らす

▶ **5ヵ月目**
プレーの正確さを上げる

▶ **6ヵ月目**
より高い確率のプレーをする

▶ **7ヵ月目**
対人でのプレーで
技術を発揮する

▶ **8ヵ月目**
相手のプレッシャーに負けない

▶ **9ヵ月目**
状況を判断できるようにする

▶ **10ヵ月目**
どんな相手でも確率を下げない

▶ **11ヵ月目**
チームとして良いプレーをする

▶ **12ヵ月目**
試合にアジャストする

　本書では1ヵ月目から12ヵ月目まで徐々にレベルアップしていけるようにメニューを組みました。おすすめは「ルーティーン（163ページ～173ページ）＋毎月のメニュー」というように練習することです。この流れに沿って練習していけば、確実に強くなれます。

　ただし本書で紹介するのはあくまでも年間プランの整理の一例です。実際には、選手のレベルや目指す目標によって年間のプランにはさらなる工夫や配慮が必要です。次ページから簡単に紹介しますので、興味がある方は読んでみてください。

長期・中期・短期の目標を設定する

「大事な大会に向けて確実にステップアップするために」

★ 年間スケジュールの立て方

　学生であれば年に数回、公式戦があるはずです。それぞれ目標があると思いますが、その大事な試合を迎えたときに、どのようなチームになっていたいか、そのためにどのような選手になっておく必要があるのか、逆算して考えましょう。

　1年後に大会を迎えたとき、自分たちはどういうチームとして戦うか、どこまで勝ちたいか。それが決まれば1年後を見据えて半年後はどこまで成長しておきたいか。では半年後を見据えて1ヵ月後、1ヵ月後を見据えて1週間後、最後は「今日」の練習をどう充実させるかという発想で、練習メニューを組み立てていくわけです。もちろん、すべてがスケジュールどおりに進むとは限らないので、定期的に見直して計画を立て直す柔軟性も必要です。

★ チームとしてブレないために

　このようにテーマや目標を明確化することによって、方向性がブレなくなります。ときにはある選手が練習の目標を達成できないケースが起きるかもしれません。そんなときこそチームスポーツである強みを生かしましょう。「いったん負荷を低くしてみよう」「前月の練習に立ち戻ってみよう」「一緒に自主練習しようか」などと選手同士で話し合いをしたり、力を合わせて助け合うことで、壁を乗り越えることができるはずです。そのような過程を経て、選手は自立し、チーム力が備わっていくのです。

日々の練習を適切に組み立てる

「練習メニューの種類と、練習効果を上げるポイントとは」

★ 6つのスキルとルーティーン

　目標を設定したら、日々の練習メニューを組み立てていく必要があります。6つのスキル（下図）をまんべんなく向上させ、ステップアップしていきましょう。そして必要に応じてリバウンドや速攻、5対5といったトランジション（攻守の切りかえ）の練習を取り入れると良いと思います。

　さらに状況判断能力やメンタル（精神面）など、高めていくべき要素は他にいくつもあります。特に気にしていただきたいのは2つ。それは速さ、高さ、強さ、そして持久力といった身体能力や運動能力です。運動能力は「コーディネーション」ともいわれ、7つの能力（連結／バランス／識別／空間認知／反応／リズム／変換）に分類されます（169ページ参照）。

　これらはスキルを高める練習においても向上させられる場合がありますが、私たちは日々の練習に短時間、「ルーティーン」として組み込むことによって練習効果をさらに引き上げると考えています。本書では基本的なものを紹介しましたので、必ず取り入れていただきたいと思います。

練習をより効率的なものにする

「選手にとって適度な刺激となるようにメニューを考案しよう」

★集中して取り組める練習を

このルーティーンと、6つのスキルの練習をどう組み立てていくかですが、キーワードとなるのが「集中力」です。下のグラフを見てください。

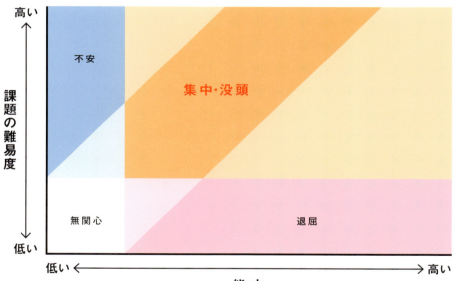

縦軸が練習の難易度、横軸が選手の能力の高低を示しています。バスケットボールを始めたばかりの選手にいきなり難しい練習ばかり課しても「不安」になるばかりで、集中して練習に取り組める状態をつくることはできません。

逆に高いレベルの選手に、簡単な練習を与えるばかりでは、物足りなさを感じてしまうでしょう。そこでどのようなレベルの選手であるにせよ、「集中・没頭」できる、一生懸命に頑張ればどうにかクリアできるような目標設定が欠かせません。

言いかえると、余計なことを考えないような練習の流れにすることで、集中力を維持できてベストのパフォーマンスを練習でも発揮できるということです。

なかには誰もが簡単にできて、大事な練習もあるかもしれません。そういう練習に対して「無関心」ではなく意欲を持って取り組むためにも、他の練習では適切なレベルの目標を設定することが大切なわけです。

★日々の練習における工夫

年間スケジュールを立てて日々の練習を進めていきながら、効率がより高まるように工夫することが大切です。基本的には下のグラフのような曲線に近づくようにメニューを構成します。

■ 練習序盤

「神経系ドリルなどで刺激を」
- ウォーミングアップ
- 体幹トレーニング（164ページ）
- ボールハンドリング
- コーディネーションなど神経系ドリル（168ページ）

■ 練習中盤

「練習の負荷を高めていく」
- 各種スキル練習
- ジャンプをはじめとする瞬発力のトレーニング
- その他リバウンドなどのコンタクトプレー

■ 練習終盤

「テンションをコントロールする」
- スリーメン（72ページ）など持久力を高める練習
- 条件をつけたゲーム形式の練習
- 「また練習したい」と思わせる練習
- クールダウン

テンション

体力

さらに理想をいえば、選手が次のメニューを予測できないようにしてください。いつも同じ流れでは意外性がなく、いわば刺激が乏しい練習となってしまいます。適度な刺激を与えられるように練習メニューを考案し、ときには負荷をコントロールする必要があるわけです。

★ひとつのドリルに対する考え方

練習時間の長さによって多少変わってきますが、ひとつのドリルに費やす時間は7分〜12分くらいにとどめましょう。集中力を高めて密度の濃い練習にするためです。そしてドリルの導入タイミングにも目を向けてください。「このチームは未完成だし、まだ早いだろう」と簡単な練習だけで終わらせるのではなく、難しいメニューにもチャレンジさせてみてください。その場合は集中して取り組めるように練習設定をすることが必要です。

なにより大事にしてほしいのは、達成目標値を明示できる練習です。本書ではそのような練習を紹介し、なおかつチームメイトと競争できるメニューも含まれています。

「勝利の原則」とは

「チームの課題を克服して勝利へとつなげていく」

★勝利へと近づく４つの原則

チームが勝つ可能性を高めるには、４つの方法があります。

❶ 自チームのシュート本数を増やす・減らさない
❷ 自チームのシュート成功率を上げる
❸ 相手チームのシュート本数を減らす・増やさない
❹ 相手チームのシュート成功率を下げる

下の図を見てください。たとえば練習試合で相手チームに対して４点差で負けたとします。攻撃回数が同じだと仮定した場合、どうやったら勝てたのでしょうか？

	自チーム	相手チーム
攻撃回数	80	80
シュートの本数	70	60
確率	40%	50%
得点	56点	60点

※計算しやすいようにシュートはすべて２点シュートだったと仮定して計算しています

勝利の4原則❶

	自チーム	相手チーム
攻撃回数	80	80
シュートの本数	75 ⬆	60
確率	40%	50%
得点	60点	60点

自チームのシュート本数を増やす・減らさない

- 自チームのシュート本数を70本から75本にする。
- →得点が60点に増える。

勝利の4原則❷

	自チーム	相手チーム
攻撃回数	80	80
シュートの本数	70	60
確率	45% ⬆	50%
得点	63点	60点

自チームのシュート成功率を上げる

- 自チームのシュート率を40%から45%にする。
- →得点が63点に増える。

勝利の4原則❸

	自チーム	相手チーム
攻撃回数	80	80
シュートの本数	70	55 ⬇
確率	40%	50%
得点	56点	55点

相手チームのシュート本数を減らす・増やさない

- 相手チームのシュート本数を60本から55本にする。
- →失点が55点に減る。

勝利の4原則❹

	自チーム	相手チーム
攻撃回数	80	80
シュートの本数	70	60
確率	40%	45% ⬇
得点	56点	54点

相手チームのシュート成功率を下げる

- 相手チームのシュート率を50%から45%にする。
- →失点が54点に減る。

　このようにして弱点（私たちはビジネス用語の「ボトルネック」と呼んでいます）を分析する過程を大切にしています。そして勝利の4原則のいずれかを達成するために、スキル6項目（シュート、ドリブル、パス、ディフェンス、1on1、コンビネーション）の練習メニューを行うわけです。各章で紹介するメニューには、得られる効果が4原則のどれにあてはまるかを示しています。うまく活用してください。

置かれた環境に応じたメニュー設定

チームによっては体育館を使える日が限られているかもしれません。そのようなチームは体育館外で主に、13ページグラフ内「練習序盤」で示したメニューを中心に組み立てることをおすすめします。もしグラウンドを使えるのなら、ランニングやダッシュを通じてバスケットボールに必要な脚力を鍛えるのも手です。そのように、普段から体力アップに目を向けることが大切です。

ただし大事な試合直前に、体力面が気になるからといってランニングやフットワークを極端に多く取り入れるようなメニュー設定は控えるようにしましょう。かえって試合で疲れてしまいます。

そういう意味では、普段やっていることと極端に違うことを大会直前にするべきではないともいえます。たとえば「シュートフォームを変えること」などです。フォームを変えて数本のシュートが決まったとしても、安定したシュート力となるには時間が必要です。継続性を伴う練習は普段から。試合前は普段どおりの練習をベースに、相手チームへのアジャスト（対応）をメインに工夫しましょう。

●目標設定における注意事項

目標設定値に★印がついているものがあります。これは「アウトカムゴール（結果目標）」と呼ばれるものです。相手が低学年やダミーディフェンスであれば当然簡単に達成できる目標値であり、逆に強い相手であれば、達成するのが難しくなる目標です。このマークがついているものは、自分のレベルに合った相手にチャレンジすることによってレベルアップが図られるので注意しましょう。

1st Month

技術を習得するための土台をつくる

華やかなプレーに必要なのは、基本技術だ。
土台がしっかりしている選手は強い。
焦らずに一つひとつ丁寧に行おう。

シュート

ゴールまでの距離が変わっても片手でシュートできるように

ねらい

Menu **001** 片手シューティング

人数	1人		
時間	1〜2分		
目標値	初	中	上
	6本	8本	10本

10本シュートを打ったうち、成功した本数

≫ 勝利の4原則

自チームのシュート本数を増やす・減らさない

自チームのシュート成功率を上げる

相手チームのシュート本数を減らす・増やさない

相手チームのシュート成功率を下げる

▼やり方

1. 手首とヒジを約90度に曲げて、利き手でボールを支える。
2. 逆の手を使わずに、シュートを打つ。
3. ボールを手離したあと、フォロースルー（シュートを打ったあとの手や腕の格好）を残す。

ワキを締める

フォロースルーを残す

重要ポイント！

逆回転をかけて真っすぐに飛ばす

手首とヒジを90度にしてボールにバックスピン（逆回転）をかけること。ボールが曲がらず、真っすぐに飛ぶことが大切だ。もし曲がるようなら、フォロースルーが正しい形になっているか確認しよう。ボールの縫い目に沿ってビニールテープなどを貼ってラインが見えるようにすると、ボールが真っすぐ飛んでいるかわかりやすくなる。

 指導者へのアドバイス

リングの上からすぽっと入れる

バックボードやリングにボールを当てず、リングの上からすぽっと入る「スウィッシュシュート」を目指しましょう。ただ「リングに入ったからOK」ではなく、コントロールが必要となる分、シュート技術の精度が高まります。そしてシュートフォームをつくっている時期は、毎日最低100本を目安に練習すると良いでしょう。

体がそって腕が前につき出すようなシュートだと、ボールが飛びにくくなるので気をつけましょう

ドリブル

ボールコントロールを レベルアップさせる

Menu 002　3点ドリブル

人数	1人
時間	1〜3分

目標値	初	中	上
	10周	30周	50周

3点ドリブルをノーミスで行う回数

≫ 勝利の4原則

自チームのシュート本数を増やす・減らさない

▼やり方

1. 右手で右足のカカト付近にボールをつく。
2. 右手で右足のつま先付近にボールをつく。
3. 両足の間にボールをつき、左手に持ちかえて同様にカカト→つま先→両足の間と続ける。1〜3で「1周」とカウント。

いろいろなドリブルをつけるように

ドリブルでのボールの動きは多種多様。3点ドリブルは、いろいろなドリブルをつけるようになるための基本練習だ。

重要ポイント！

顔を上げて
ボールをつく

ボールを見ないで顔を上げてコントロールできるようになろう。試合ではまわりの状況を把握しなくてはならない。つまり、練習のときにボールをずっと見てばかりのドリブルをしていては、試合で通用しない。常に実戦を意識して練習しよう。

体の軸は真っすぐ / 目線を上げて / 適度に曲げる

Extra

まずは動きが止まった状態で正確にできるようになろう

バスケットボールを始めたばかりの選手は、動きが止まった状態でのいろいろなボールコントロールのドリブルを正確にできるまで練習しよう。この基本が負荷の高い練習へとつながっていく。

Level UP!

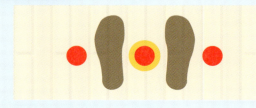

● **2点ドリブル**
足の横と両足の間につく

● **片手1点ドリブル**
両足の間につく

パス

強くて正確なチェストパスのフォームを身につける

Menu **003** 対面パス

人数	2人
時間	1〜3分

目標値	初	中	上
	25回	35回	45回

5mで30秒間行った場合。AからBにボールが渡ったら「1回」とカウントする

≫ 勝利の4原則

自チームのシュート本数を増やす・減らさない

▼やり方

1. 2人が5mくらい離れて、1人がボールを胸の前で両手で持つ。
2. 一方の足を前に踏み出し、重心を移動させる。
3. 前腕を返しながらボールにバックスピンをかけてリリースする（手放す）。
4. 相手はボールを受け取り、同様にチェストパスを投げ返す。

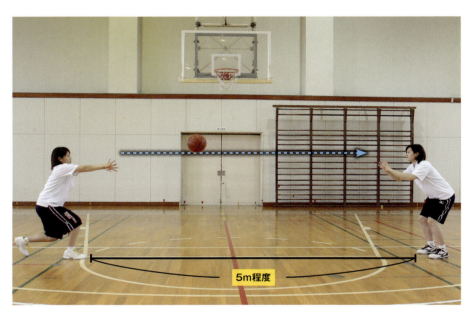

5m程度

❓ なぜ必要?

強いパスを出す

実際の試合では、弱々しいパスは相手に取られてしまう。それを防ぐためには強いパスを出し、そのボールをキャッチできるようになることが大切だ。ボールが床と平行になるように強いパスを出すことを意識しよう。

手首の回内

重要ポイント！

チェストパスは両手を均等に使う

足を踏み出しながら胸の前にボールを持っていき、両手でパスを出す。リリースのときは手首のひねり（回内）をうまく使い、左右両方の手を同じタイミング・力で用いることがポイント。どちらかの手が強かったり、逆に弱かったりしてバランスが崩れてしまうと真っすぐな強いパスは出せない。くり返し練習して身につけよう。

Extra

距離を伸ばしていく

2人がお互いに後ろに下がりながら行う。フリースローライン（5m程度）で出し合えるようになったら、そのまま3ポイントライン（10m程度）まで下がる。さらにサイドラインまでお互いが広がってパスを出し合う。

10m程度

1 on 1 オフェンス

ランニングシュートを確実に決める

ねらい

Menu 004　30秒レイアップ①

人数	1人		
時間	30秒		
目標値	初	中	上
	6本	7本	8本

30秒間シュートを打ったうち、成功した本数

》勝利の4原則

- 自チームのシュート本数を増やす・減らさない
- **自チームのシュート成功率を上げる**
- 相手チームのシュート本数を減らす・増やさない
- 相手チームのシュート成功率を下げる

▼やり方

1. 右側エルボー（フリースローラインの端）から、右手でアンダーハンドのレイアップシュートを決める。
2. ボールを拾ったら右側エルボーに戻り、1 2 を30秒間くり返す。
3. 次に右側エルボーから左手でレイアップシュートを決める。逆サイドからも同じ流れで行い、合計4パターン練習する。

右側エルボー

手を伸ばしてボールを下から支える

ボールを拾って

最初の位置までダッシュで戻る

▲左手も行う

なぜ必要？

疲れてきても集中をきらさない

左右の手でレイアップシュートを決められるようにする。疲れてきても集中をきらさず、確実に決め続けられるようになるため。

重要ポイント！

バックボードをうまく使うまずは枠を目安にしよう

バックボードを有効に使うことがポイント。バックボードに記された枠を目安にボールを当て、ボールがどのような跳ね返り方をするか確認しながら、シュートが決まる感覚をつかむ。それができたらスピンを工夫しながらバックボードに当てる位置を変えて練習しよう。

Extra

オーバーハンドレイアップ

アンダーハンドのレイアップシュートと並行して、手首を返してボールを支える「オーバーハンド」のレイアップシュートも決められるようになろう。このシュートのほうが打点が高くなるだけに、相手にブロックされにくくなるからだ。

片足踏みきり

両足着地

25

ディフェンス

相手の攻撃に対応できるようにする
（ねらい）

Menu **005** ステップスライド

人数	1人〜
時間	30秒

目標値	初	中	上
	5回	7回	9回

30秒間行い、サイドラインをタッチした回数

》勝利の4原則

- 自チームのシュート本数を増やす・減らさない
- 自チームのシュート成功率を上げる
- 相手チームのシュート本数を減らす・増やさない
- **相手チームのシュート成功率を下げる**

▼やり方

1. サイドラインで、すぐに動き出せる適度に低い姿勢をとる。左足を左に踏み出してスタート。
2. 左足を着地し、右足を擦るように寄せて左へ移動し、最初の姿勢に戻る。
3. この動きをくり返して、反対側のサイドラインまで向かう。
4. 反対側についたら、逆に右足を右に踏み出して最初の位置まで戻る。30秒間行う。

なぜ必要？

攻撃を仕掛ける相手を嫌がらせる

ドリブルで抜こうとする相手や、シュートをねらう相手を嫌がらせ、自由にプレーをさせないようにするときに使う基本のフットワークを身につけよう。

指導者へのアドバイス

適度に低く動き出しやすい姿勢から

「できるだけ低い姿勢をとるように」という指導の光景をよく見ます。気をつけなければならないのは、脚力の弱い選手の体勢が低過ぎると、ステップスライドが遅くなること。適度に低く動き出しやすい姿勢から始めることが大切です。

Level UP!

キックスライド・ステップステップ

スライドステップはバスケットボールの基本とされているフットワーク。しかし、「右足、左足」と2テンポかかってしまう欠点がある。より素早く、ワンステップの動きに対応するためにやってほしいのが次のメニューだ。

● 「キックスライド」
一歩を横に踏み出しながら、逆足で床を蹴って移動する。

● 「ステップステップ」
相手の方向転換にも対応できるように、床を蹴りながら2ステップで素早く移動する。

ここでは文章だけの紹介になってしまうが、上達のためにはぜひ取り入れてほしい。

Extra

競争することで楽しみながらレベルアップ

スタートライン（サイドライン）に何人か並び、同時にスタート。競争を取り入れることで練習にメリハリがつき、選手同士が切磋琢磨していくことにもつながる。このとき、タイムの近い選手が対戦すると盛り上がる。

コンビネーション

お互いの適切な距離感を学ぶ

Menu **006** ポジショニングドリル

人 数	4〜5人
時 間	3〜5分
目標値	初 コーンあり / 中 コーンなし / 上 DFあり

レベルに応じた状況をつくり、20秒間で10回のパスをする

» 勝利の4原則

- 自チームのシュート本数を増やす・減らさない
- 自チームのシュート成功率を上げる
- 相手チームのシュート本数を減らす・増やさない
- 相手チームのシュート成功率を下げる

▼やり方

1. コート上に人数＋1コ、等間隔でコーンを置く。
2. 選手はコーンの前にポジションをとる。
3. ボールマンは近くのコーンにいる選手にパスしたあと、別の空いているコーンに移動する。
4. パスを受けた選手も近くのコーンにいる、もしくは移動してきた選手にパスして別の空いているコーンに移動する。

❓ なぜ必要？

適切にポジションをとるため

お互いが適切なスペースを保ってポジションをとれるようになるため。

👆 重要ポイント！

フロアーバランスを保つ

お互いが適切な距離でプレーすること。フロアーバランスが悪いと1対1やパスアンドランをしたときに、ディフェンスが密集していてミスにつながりやすくなる。

2nd Month
思ったとおりに体を動かす

コートで思いどおりのプレーをするためには
正しい体の使い方をすることが大切だ。
そうすることでケガの防止にもつながる。

シュート

シュートフォームを確立しジャンプと連動させる

ねらい

Menu **007** 連続ジャンプシューティング

人数	1人〜
時間	2〜5分
目標値	初 / 中 / 上
	9本 / 12本 / 15本

1分間行ったうち、成功した本数

» 勝利の4原則

自チームのシュート本数を増やす・減らさない

自チームの
シュート成功率を上げる

相手チームのシュート本数を減らす・増やさない

相手チームの
シュート成功率を下げる

▼やり方

1. 目印（ペイント付近がおすすめ）を決め、ボールを持って構える。
2. その場で3回程度、同じリズムでジャンプする。
3. 連続ジャンプが続けられるように、バランスを崩さず着地する。
4. ジャンプとのタイミングを合わせてシュートを打つ。

小刻みに
ジャンプ

なぜ必要？

フォームとジャンプとを連動させる

その場に立った状態で覚えたシュートフォームと、ジャンプの動作を連動させてジャンプシュートを決めるため。ジャンプし、打点が高くなることで相手にブロックされにくくなる。

指導者へのアドバイス

シュートが入らない場合は……

左右にボールが曲がってシュートが入らない場合、シュートフォームに原因があるかもしれません。ボールの持ち方やフォロースルーなど、選手のフォームを正面から見てあげて、一つひとつの動作をチェックしながら改善していきましょう。動画を撮影するのもおすすめです。

重要ポイント！

リズムをつかむ

ジャンプと同時にボールを振り上げるリズムをつかむことがポイントとなる。ジャンプする前にボールがすでに振り上げられている状態だと、ジャンプ動作が2段モーションとなってしまい、飛びにくいうえに、ボールにも力が伝わりにくくなるからだ。「同じ動作で一定のリズム」を心掛けること。

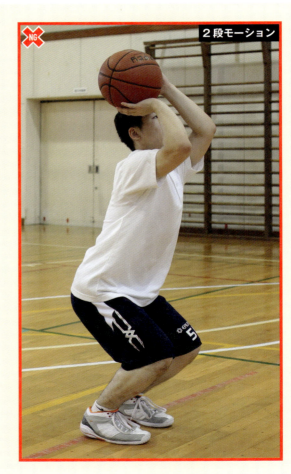

2段モーション

ドリブル

歩いてボールを高低についたり前後に動かして基本を覚える

ねらい

Menu 008 ベーシックドリブル①

人数	1人
時間	2～3分

目標値	初	中	上
	ノーミス	ノーミス	ワンミス

サイドラインから逆サイドラインまで行う。初級はボールを見てOKだが、中級は見ない。上級はワンミスルールで

≫ 勝利の4原則

- 自チームのシュート本数を増やす・減らさない
- 自チームのシュート成功率を上げる
- 相手チームのシュート本数を減らす・増やさない
- 相手チームのシュート成功率を下げる

▼やり方

1. 自分のヒザより下の高さで5回低くつく。
2. 自分の頭の上まで跳ね上がらせる。
3. 5回高くついたあと、再び5回低くつく。
4. 次に、歩きながらボールを前後や左右に動かしドリブルする。

低

高 / 頭の上まで

❓ なぜ必要？

体を大きく使って強くドリブル ボールを自在に操ろう

実戦では相手にドリブルをカットされることもある。前後・左右・高低を自在に操れるようになれば、相手にボールを取られる確率はぐっと低くなる。ポイントは体を大きく使い、ボールを強くつくこと。利き手で思いどおりに操れるようになったら、利き手でないほうの手でも練習しよう！

👆 重要ポイント！

練習での失敗はOK 思いきりボールをついてみよう

強くつくと、ボールを受け止める練習になる。強くつかないと受け止められるようにならず、ミスも減らない。つまり失敗を恐れると弱いドリブルになってしまい、ボールを受け止める技術が高まらないのだ。そこで上級では一度の失敗を許す「ワンミスルール」を取り入れてみよう。失敗してしまうくらい強くつくことで、より高いレベルを目指そう。

後 / 前

右（NG） ボールを見ている／腕が下がっている　左

📢 指導者へのアドバイス

ボールをつかないほうの手でガード

試合ではボールを相手に取られないように、ドリブルをしていないほうの手でガードします。この腕の使い方を「アームバー」といいます。腕が下がっていると、相手ディフェンスにボールを取られやすくなるので注意してください。

ちなみに「ワンミスルール」はドリブルが強すぎて1回失敗したらクリア。ミスがゼロ、もしくは2回以上の場合は、もう一度やり直しというルールのことです。

パス

限られた練習時間のなかで パスとキャッチの回数を増やす

Menu **009** マシンガンパス

人 数	3人		
時 間	1分30秒		
目標値	初	中	上
	30回	40回	50回

Ⓐが30秒間でパスを出した回数

≫ 勝利の4原則

自チームのシュート本数を増やす・減らさない

▼ やり方

1. 3人1組となり、選手Ⓐが重点的に練習するため、ⒷとⒸはⒶから5mくらい離れてボールを持つ。
2. ⒷがⒶにワンハンドプッシュパスを出す。
3. ⒶはⒷに同じパスを返し、速やかにⒸからのパスを受ける体勢をとる。
4. 同じようにⒸとパス交換を行う。この流れをくり返す。

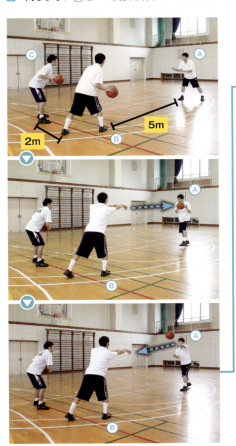

なぜ必要?

すぐに次の姿勢がとれるようになるため

次々とパスが出されるので、キャッチしてすぐにパスを出し、そのあとすぐにキャッチできる姿勢がとれるようになる。また、数を多くこなせるので、限られた練習時間のなかで効率良くパスとキャッチの技術を身につけることができる。

重要ポイント!

レシーバーに向けて足を踏み込む

次の動作のことばかり気にしすぎると、パスの動作が雑になる。しっかりとレシーバーに向けて足を踏み込み、強いパスを出すことが大切だ。足をしっかりと踏み込まないと弱いパスになり、試合では相手に取られてしまう。

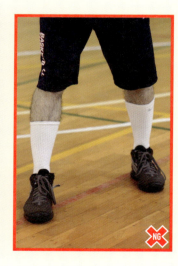

Extra

ステップやターンの練習にも

パートナーのⒷとⒸの間隔は、2〜3mが基本。その距離を広げることによって、Ⓐにとっての難度は上がる。パスを出したあと、キャッチの姿勢をとるために体を大きく動かす必要があるからだ。このように工夫することで、ステップやターンの練習にもなる。

1on1 オフェンス

試合で確実にゴール下の
シュートを決める

Menu 010 マイカンドリル

人数	1人
時間	30秒

目標値	初	中	上
	10本	15本	20本

30秒間シュートを打ったうち、成功した本数

≫ 勝利の4原則
- 自チームのシュート本数を増やす・減らさない
- **自チームのシュート成功率を上げる**
- 相手チームのシュート本数を減らす・増やさない
- 相手チームのシュート成功率を下げる

▼ やり方

1. ゴール下でボールを持つ。
2. 左ステップで右手フックシュートを決める。
3. 落ちてきたボールを速やかに拾って、右ステップで左手フックシュート。
4. 左ステップで右手バックシュート。
5. 右ステップで左手バックシュート。

▲ボールを拾ったら逆方向からシュート。目標の回数までくり返す

? なぜ必要?

的確なステップからのシュートを

ゴール下は選手が大勢いる密集地帯。それだけに相手のブロックをくらわないように的確なステップからのシュート、そして空中でブロックをかわす逆の手の使い方が求められる。何度も練習して、ゴール下からのシュートを確実に決められるようになろう。

Extra

疲れていてもタイミング良く

何本連続で決められるか挑戦する。たとえば、自分の年齢分、16歳なら16本連続で決める。そうやって工夫することによってシュートの正確さだけでなく、体力面も向上する。たとえ疲れていてもタイミング良くジャンプしてシュートに持ち込むことが大切だ。

重要ポイント！

ボールのリリースを時計に見立てる

まず、ゴールに向かって真正面の位置に立っている状態を想像してほしい。するとバックボードの真ん中にゴールがあるはずだ。それを時計の中心に見立てると右側が3時、左側が9時になる。上が12時、下が6時だ。

それをシュートの腕の動きに当てはめていこう。レイアップシュートは下からシュートを放つのでスタートはすべて6時。リリースの位置が3時、9時と違ってくるので、それぞれ下の写真と図を見て整理しておこう。

1≫右手フックシュート

 6時から3時の方向

2≫左手フックシュート

 6時から9時の方向

3≫右手バックシュート

 6時から9時の方向

4≫左手バックシュート

  6時から3時の方向

ディフェンス

3ポイントラインを使ったハードなフットワークドリル

ねらい

人数	1人〜
時間	30秒〜3分

目標値	初	中	上
	10秒	20秒	30秒

3Pラインのコーナーからコーナーまで移動する時間

Menu 011 ハーキースライド

≫ 勝利の4原則

- 自チームのシュート本数を増やす・減らさない
- 自チームのシュート成功率を上げる
- 相手チームのシュート本数を減らす・増やさない
- 相手チームのシュート成功率を下げる

▼ やり方

1. 3ポイントラインとベースラインの接点でディフェンスの姿勢をとる。
2. ハーキーステップ（素早く小刻みに足を動かすステップ）を踏みながら、3ポイントライン上を移動する。
3. 逆サイドまで達したら3ポイントライン上を戻ってくる。

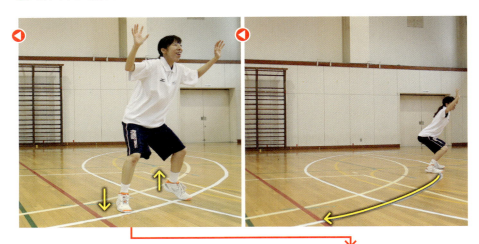

なぜ必要？

ハーキーステップを細かく刻む

攻撃を仕掛ける相手の動きに応じて、前後左右に機敏に動けるようにするために必要な技術だ。瞬時にトップスピードで動き出すとき、逆にスピードに乗っている状態から急に止まるとき、ハーキーステップが細かく刻めれば、オフェンスの動きに対して素早く反応できるディフェンスになれる。

重要ポイント！

苦しいときこそ適度に低い姿勢を

疲れてくると、腰が高くなり、ハーキーステップが細かく刻めなくなる。その苦しいときに細かいハーキーステップを継続するためには、適度に低い姿勢を保つことがポイントとなる。

腕が下がらないようにキープ

小刻みに足を動かす

指導者へのアドバイス

適度に低い姿勢で

1ヵ月目（26ページ）で述べたとおり、脚力の弱い選手のディフェンス姿勢が低すぎると、素早く動き出すことが難しい場合があります。このハーキースライドの練習でも適度に低い姿勢を保ち、徐々に姿勢を低くしていきましょう。このとき、ハーキーが遅くならないように注意してください。

Extra

ボールマンが目の前にいることをイメージ

試合でも3ポイントライン付近は、速いスライドが必要となるエリア。ステップが踏めるようになったら、実際にボールマンが目の前にいることをイメージしよう。パートナーにドリブルしながら動いてもらい、それに合わせてハーキースライドで移動する練習も効果的だ。

コンビネーション

パスを出して走る習慣をつける

Menu 012 パスアンドランドリル

人数	4人
時間	3～5分

目標値	初	中	上
	3回	4回	6回

10回攻めたうち、シュートを決めた本数

» 勝利の4原則
- 自チームのシュート本数を増やす・減らさない
- **自チームのシュート成功率を上げる**
- 相手チームのシュート本数を減らす・増やさない
- 相手チームのシュート成功率を下げる

▼やり方

1. 2対2の状況をつくる。
2. ボールマンがトップからウイングにパスを出す。
3. パスを出したら、すぐさまゴールに走り出す。
4. リターンパスを受けてレイアップシュートを決める。

リバウンドの意識

？なぜ必要？

手の位置を把握してパスを通す

ウイングは味方の動く位置、さらに相手に取られないコースを一瞬で判断し、パスを通せるようになろう。ディフェンスの手が上がっていたら下の空間、手が下がっていたら上の空間をねらうのがポイントだ。

Level UP!

カッティングも工夫する

ウイングからのパスの出し方を工夫するのに加え、ディフェンスの状況に応じていろいろなカッティング（走り込み方）ができるようになることも目指そう。そうすることでパスのバリエーションも増える。

3rd Month
できることを増やす

得意技があるとそればかり使いがち。
すると動きを相手に読まれてしまうので
少しずつバリエーションを増やしていこう。

シュート

キャッチ&ショットの
フォームをつくる

Menu **013** 1分シューティング

人数	2人		
時間	2～4分		
目標値	初	中	上
	9本	12本	15本
1分間シュートを打ったうち、成功した本数			

≫ 勝利の4原則

| 自チームのシュート本数を増やす・減らさない |
| 自チームのシュート成功率を上げる |
| 相手チームのシュート本数を減らす・増やさない |
| 相手チームのシュート成功率を下げる |

▼ やり方

1. シュートを打つ選手Ⓐはキャッチする準備をして構え、パートナーⒷがゴール下でボールを持つ。
2. ⒷがⒶに強いパスを出す。
3. Ⓐがパスを受けてシュートを打つ。
4. Ⓑがリバウンドを拾って再びパスを出し、1分間Ⓐがシュートを打ち続ける。

▲パスを出した選手は、リバウンドまで集中して取り組もう

 **重要ポイント！**

パスを受けたいところに両手を出す

パスを受ける姿勢「ハンズレディー」を正確に行うこと。適度にヒザを曲げて低い姿勢をとり、パスを受けたいところに両手を出す。この手のことを「ターゲットハンド」という。パスを出す選手は、安定したボールをその位置へ投げるようにしよう。

 **なぜ必要？**

毎回同じフォームで決める

体力的にパフォーマンスが落ちてきても、正しい姿勢から安定したシュートをコンスタントに決められるようになるため。一本一本が違うフォームではなく、毎回同じフォームで決めることによって確率が高まる。これを「再現性」という。

📢 **指導者へのアドバイス**

すぐにリバウンドの体勢に入る

これはシュートの練習ですが、パートナーも高い意識を持つことが大切です。強いパスを出し終えたあと、すぐにリバウンドの体勢に入り、できるだけ速くボールを取るように指導してください。

Level UP！

シュート練習の方法を工夫する

1分間のなかで、連続で外さないことを意識し、外してしまったらペナルティを課す。またはスウィッシュシュートで決めると3点、バックボードを使ったら2点とカウントするような練習方法も効果的だ。

ドリブル

ドリブルチェンジの基本を増やしていく
ねらい

Menu **014** ベーシックドリブル②

人数	1人〜		
時間	5〜10分		
	初	中	上
目標値	ノーミス	ノーミス	遊びのドリブルなし

サイドラインから逆サイドラインまで行う。初級者はすべてノーミス、中級はボールを見ない、上級は遊びのドリブルをなくす

≫ 勝利の4原則

自チームのシュート本数を増やす・減らさない

自チームのシュート成功率を上げる

相手チームのシュート本数を減らす・増やさない

相手チームのシュート成功率を下げる

▼やり方
1. 1人の選手がボールを持つ。
2. ドリブルチェンジを行いながら、コートの端から端まで移動する。
3. それぞれのドリブルごとにくり返す。

1 ≫ フロントチェンジ

▲腕を伸ばしてボールを大きく左右に動かす。ボールを受け止める瞬間にヒジが曲がらないように注意しよう

2 ≫ レッグスルー

後ろから見ると

▲両足の間の中心にボールをつき左右に移動させる。ステップとボールをつくタイミングを合わせることが大切だ

3》バックビハインド

▲腕を伸ばして背後でボールを左右に移動させる。逆側のおしりをはたくようなイメージで行うと、進行方向に手が出やすくなる

4》バックロール

▲体のすぐそばでボールをキープしながら素早くロール（回転）する。顔を先に回転させると、回転が速くなる

❓ なぜ必要？

ディフェンスに予測させない

ディフェンスの状況や攻撃のねらいに応じて、瞬時にボールを動かせるようになる。ドリブルのバリエーションを増やしておくことで、相手が予測しづらくなれば、ボールを取られにくくなる。全バリエーション、顔を上げて左右の手で行えるようになろう。

📢 指導者へのアドバイス

「ノーミスルール」「遊びのドリブル」なしで

ベーシックドリブル①（32ページ）では、「ワンミスルール」で行いましたが、この練習は「ノーミスルール」で行っても良いです。また、チェンジとチェンジの間を整えるためのドリブルを「遊びのドリブル」といいます。うまくなってきたらこの「遊び」をなくして練習することで、よりハンドリングに負荷をかけることができます。

パス

パスの種類を増やしながらボールハンドリングを高める

ねらい

Menu 015 ノーファンブルパス

人　数	3〜5人		
時　間	3〜5分		
目標値	初	中	上
	止まって	動いて	ボール+1個

それぞれの状況をつくって10回ノーミスで行う。上級は人数に対してボールが1個多い状態からスタート

≫ 勝利の4原則

自チームのシュート本数を増やす・減らさない

▼やり方

1. 4人1組になって4人がそれぞれボールを持つ。
2. 息を合わせて、全員が同時にとなりの人へパスを出す。
3. パスをキャッチしたら、またとなりの人へパスを出す。
4. 3種のパスをそれぞれ決められた回数／時間くり返す。

▲動きながら行う。中級レベル

重要ポイント！

それぞれのパスの特徴

正確さが最大のポイントとなる。それぞれのパスの特徴を整理しておこう。

1»ポケットパス

▶ポケット、すなわち体の腰のあたりでボールを保持し、片手でボールをリリースする

2»ラテラルパス

▶パスを出す横方向に手を返しながら素早くパスを出す

3»ビハインドパス

▶ボールを体の背後に持ってきて、逆側に片手でパスを出す

なぜ必要？

体の向きを変えずにパスを出す

体の正面から出すチェストパスだけでは、ディフェンスが目の前にいる場合にパスを出せない。体の横や背後からのパスを覚えることで、体の向きを変えなくても素早くパスができるようになる。状況によって使い分けられるように、全種類挑戦しよう。

Level UP!

片手でキャッチ

となりからくるボールを最初は両手でキャッチしてOKだが、慣れてきたら片手でキャッチしてみよう。パスとキャッチの正確さが求められるが、ボールハンドリング力がいっそう高まる。

1on1 オフェンス

ランニングシュートの
バリエーションを増やす

ねらい

Menu 016 30秒レイアップ②

人数	1人		
時間	30秒〜2分		
目標値	初	中	上
	6本	7本	8本

30秒間シュートを打ったうち、成功した本数

» 勝利の4原則

- 自チームのシュート本数を増やす・減らさない
- **自チームの
シュート成功率を上げる**
- 相手チームのシュート本数を減らす・増やさない
- 相手チームの
シュート成功率を下げる

▼ やり方

1. スタート位置（1»と3»はペイントエリア＝制限区域＝のボックスマーク、2»はシュート位置の逆サイドのエルボー）でボールを持つ。
2. 3種類のランニングシュートを決める。
3. 落ちてきたボールを速やかに拾って30秒間打ち続ける。

1»レイバックシュート（ボックスからスタート）

▲リングの下を通過したあと、ベースライン側の手で背後のゴールに決める。小指を自分の顔に向ける

2≫フックレイアップシュート（逆サイドエルボーからスタート）

▲ボールを持っている腕を伸ばしてボールをフワリと上げる。逆の手でボールをガードすることを忘れない

3≫リーチバックシュート（ボックスからスタート）

▲バックシュートの逆手、すなわちセンターライン側の手で打つバックシュート。親指を自分の顔に向ける

❓ なぜ必要？

相手ディフェンスの動きを見てシュートの打ち方を使い分ける

アンダーハンドのレイアップシュートだけだと、ディフェンスに読まれてブロックされる危険性が高い。ブロックされないために、複数種類のシュートを使い分けられるようにしよう。相手の状況に応じてとっさに判断、使い分けができるレベルまで上達できるとベスト。

👆 重要ポイント！

ボールに回転をかける

ボールに正しいスピン（回転）をかけることが安定したシュートにつながる。体を回すことよりも、指先に意識を集中させることがポイントだ。
1人でできるようになったら、ディフェンスのファウルやビッグマン（大きなセンター）のブロックを想定しよう。パートナーにダミーバッグで押してもらったり、ほうきで邪魔してもらうのも効果的だ。

ディフェンス

ブロックショットのシーンを3つに整理して練習する

Menu 017 シュートブロックドリル

人数	2人〜
時間	1〜3分

目標値 ★	初	中	上
	1本	3本	5本

10本のうち、シュートのブロックに成功した本数

》勝利の4原則

- 自チームのシュート本数を増やす・減らさない
- 自チームのシュート成功率を上げる
- 相手チームのシュート本数を減らす・増やさない
- **相手チームのシュート成功率を下げる**

▼やり方

1. 2人1組になり、1人がボールを持つ。
2. ゴールに対して45度の位置から1人がドリブルし、レイアップシュートに持ち込む。
3. ディフェンスは3パターンのブロックショットをする。

1》2人が並行に走る

▲体の向きを変えずにボールに手を持っていく

2≫ 後ろから追いかける

▲相手を前に行かせておいて背後からボールに触る

3≫ 前を走り抜ける

▲相手の体に触れないようにしながら、ベースライン方向に相手の前を走り抜けるイメージでブロックする

なぜ必要？
ジャンプのタイミングをつかむ

闇雲にジャンプするとファウルにつながったり、相手のフェイクに引っ掛かってしまう。タイミングが合わないとシュートを決められてしまうので、ブロックできる最適なジャンプのタイミングをつかもう。相手に接触するとファウルになる。だからといってファウルを怖がってあきらめると、相手に確率良くシュートを決められてしまう。そこで相手に接触せずにプレッシャーをかけられるようにこの練習を行う。

重要ポイント！
相手のボールに触る

「ブロックショット」という響きは、ボールを叩き落とすようなインパクトを感じさせるが、そればかりをねらうとファウルになりやすい。そこで相手のボールに触ってシュートを邪魔することがポイントだ。ただし相手の着地点に立ったり、近くを走り抜けると危険なプレー（危険行為）と見なされるので、飛び越すように心掛けよう。

Extra
スタート位置を変える

今回紹介したのは45度からのドリブルで行うもの。できるようになったら、トップやコーナーからドリブルをスタートしてもらい、それらに対してもブロックショットの感覚をつかんでおこう。

コンビネーション

ドリブルでゴールに向かい相手を引きつけてパス

ねらい

Menu **018** ドライブアンドキックドリル

人数	4人		
時間	3～5分		
目標値	★初	中	上
	3回	4回	6回

10回攻めたうち、シュートに成功した回数

≫ 勝利の4原則

- 自チームのシュート本数を増やす・減らさない
- 自チームのシュート成功率を上げる
- 相手チームのシュート本数を減らす・増やさない
- 相手チームのシュート成功率を下げる

▼やり方

1. 2対2の状況で、ウイングⒶがボールマンとなる。
2. トップⒷにパスを出す。
3. Ⓑはドリブルをつき、ゴールへ向かう。
4. ヘルプディフェンスが寄ってきたら、Ⓐにパスをさばく。
5. パスを受けたⒶがシュート。

▲ヘルプが寄ってきたらパス

❓ なぜ必要?

ヘルプディフェンス対策

試合ではドライブで相手を抜いても、ヘルプディフェンスが寄ってくる。そのためディフェンスを引きつけてからアウトサイドにパスをさばく「キックアウト」が必要となる。

👆 重要ポイント!

パスのバリエーションを活かす

左右両手でドライブできるようになることに加え、47ページで紹介したようなパスのバリエーションを、状況に応じて使い分けてキックアウトのパスを出してみよう!

4th Month

自滅のミスを減らす

試合で相手が良いディフェンスをすれば失敗をすることもある。
でもまず大事なことは、
相手が関係ない自滅のミスをなくすことだ。

シュート

シュート率を上げるために
ゴールまでの距離感をつかむ

ねらい

Menu **019** スキーマシューティング

人数	2人		
時間	1〜3分		
目標値	初	中	上
	6本	12本	スウィッシュ 12本

1分間シュートを打ったうち、成功した本数。上級者はシュートの質にもこだわろう

≫ 勝利の4原則

自チームのシュート本数を増やす・減らさない

自チームのシュート成功率を上げる

相手チームのシュート本数を減らす・増やさない

相手チームのシュート成功率を下げる

▼ やり方

1. ゴール下から3ポイントラインまで6つのコーンを等間隔に置く。
2. シューターⒶはゴール下から、パートナーⒷが出すパスを受けてシュートを打つ。
3. 決まったら後ろに1つずつ下がる。
4. 3ポイントラインまで達したら、同様にゴール下まで戻る。

シュートミスを少なくするため

シュートの飛距離はボールに伝わる指先の速さ「初速」で決まるので、速さの感覚を身につけなければならない。

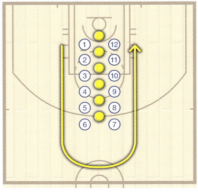

▲コーンは等間隔に並べ、各コーンの後ろに立って①〜⑫の順にシュートを打つ

重要ポイント！

距離が変わっても シュートフォームは 同じ

距離が変わってもシュートフォームが変わらないようにするのがポイント。フォームを変えずにボールに速さが伝わるように、指先で「初速」をコントロールする。前後にズレたら、初速をコントロールして修正する。ただし同じ距離で左右に外れた場合、シュートフォームを修正する必要がある。

重要ポイント！

指先でボールの 「初速」をコントロール

ゴールまでの距離が長くなると腕を前に伸ばして「届かせよう」としてしまうものだが、それではリングの上からボールが入らない。指先でボールの「初速」をコントロールして高い放物線を描くことによって距離が合い、リングの上から入るようになる。

Extra

2人の選手が競争する

コーンを2列に並べて、2人の選手が同時にスタートすることでゲーム感覚で競うこともできる。当然、シュートが決まらないと、次のコーンには進めない。負けたチームはダッシュ何本、腕立て伏せ何回、などとペナルティを設けると盛り上がる。

ドリブル

スピードにのっている状態でもドリブルでミスしない

ねらい

Menu **020** 2往復ドリブル

人数	1人〜
時間	2〜5分
目標値	初 20秒 / 中 17秒 / 上 14秒

フロントチェンジで2往復行った場合の秒数。その他のドリブルチェンジは次ページに記載

≫ 勝利の4原則

- 自チームのシュート本数を増やす・減らさない
- 自チームのシュート成功率を上げる
- 相手チームのシュート本数を減らす・増やさない
- 相手チームのシュート成功率を下げる

▼ やり方

1. 椅子やコーンを3〜5m間隔で3つ置く。
2. 各椅子の前でフロントチェンジを行いながら、スピードにのってスラロームしていく。
3. 2往復継続する。
4. 他の3つの基本チェンジも同様に行う。

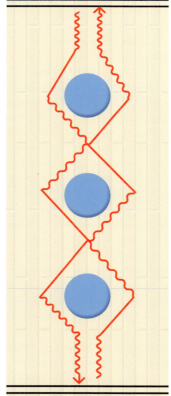

サイドライン / サイドライン

? なぜ必要?

ドリブルを有効に使えるように

スピードが速いなかでのドリブルのコントロールを磨くため。

◀〰〰 はドリブル
── はドリブルチェンジ

スピードにのっても使える

4種類の方向転換のスキルをすべて練習して、スピードにのっても使えるようにする。

1≫フロントチェンジ

2≫バックロール

◀目標は
初 級：30 秒
中 級：25 秒
上 級：21 秒

3≫レッグスルー

◀目標は
初 級：25 秒
中 級：21 秒
上 級：18 秒

4≫バックビハインド

◀目標は
初 級：25 秒
中 級：21 秒
上 級：18 秒

パス

チームメイトと走りながら確実にパス交換を行う

Menu **021** ツーメン

人数	2人
時間	5〜10分

目標値	初	中	上
	3本	4本	5本

オールコートで30秒間行ったうち、シュートを決めた本数

≫ 勝利の4原則

自チームのシュート本数を増やす・減らさない

▼ やり方

1. 2人が3mくらい離れて立ち、1人がボールを持つ。
2. ベースラインからパス交換しながら走る。
3. 逆側のベースラインまで継続し、シュートを打つ。
4. リバウンドを拾い、2 3 を30秒間くり返す。

❓ なぜ必要？

スピードにのってもミスしないため

これまで止まった状態で練習してきたパスを、走りながらスピードにのった状態で行う。ミスをせずにパス交換できるようになろう。

重要ポイント！

ステップを踏むタイミングをつかむ

走りながらパスを受けて「1、2」のステップを踏むタイミングをつかむこと。それができるようになったら、「1」のステップでもパスを出してみる。まわりの状況に応じてパスのタイミングを変えられるようにするためだ。

 Extra

フェイクをしてからパートナーにパス

パスを受けたあと、両足を床から離しながら別方向または別の種類のパスを出す素振り「フェイク」をしてから、パートナーにパスを返す。試合ではこの動作にディフェンスが引っ掛かり、パスコースが生まれる。写真ではチェストパスを出すと見せかけて（フェイク）、バウンドパスを出している。

ディフェンス

ゴールへと向かう相手を体を張って食い止める

ねらい

人数	2人〜
時間	3〜5分

目標値 ★	初	中	上
	2本	3本	4本

5本行ったうち、オフェンスを止めることができた本数

Menu **022** ワンステップアヘッドドリル

» 勝利の4原則

- 自チームのシュート本数を増やす・減らさない
- 自チームのシュート成功率を上げる
- 相手チームのシュート本数を減らす・増やさない
- **相手チームのシュート成功率を下げる**

▼ やり方

1. ディフェンスがトップに立ち、他の選手は3mくらい離れてボールを持つ。
2. ボールマンは一度ディフェンスにパスを出してから、走り寄る。
3. ディフェンスからリターンパスを受けたら、ディフェンスの真横をすり抜けてドリブルをつこうとする。
4. ディフェンスは、ゴールへの最短距離を突破しようとする相手を食い止める。

なぜ必要？

ワンステップアヘッドを許さない

オフェンスにとってはゴールまでの最短距離「ワンステップアヘッド」のコースをとるのが基本。それをさせないディフェンス力を備えるため。

重要ポイント！

足を引かず体をコースに入れる

オフェンスが近づいてくるとディフェンスは足を引いてしまうもの。そうするとオフェンスにゴール方向へドリブルされてしまう。したがって、足を引かず体をコースに入れてディフェンスすることがポイントとなる。

▲足を引いてディフェンスすると、オフェンスにゴールへと突破されてしまうので気をつけよう

コンビネーション

フロアーバランスを保ち
シュートチャンスをつくる

ねらい

Menu 023 スペーシングドリル

人数	3～5人
時間	3～5分

目標値	初	中	上
	4回まで	2回まで	0回

10回オフェンスを行ったうち、判断ミスが許される回数

≫ 勝利の4原則

- 自チームのシュート本数を増やす・減らさない
- 自チームのシュート成功率を上げる
- 相手チームのシュート本数を減らす・増やさない
- 相手チームのシュート成功率を下げる

▼やり方

1. 3～5人がポジションをとり、1人がボールを持つ。
2. ボールマンがドライブインする。
3. その動きに応じて全体が動く。
4. パスを受けた選手がシュートを打つ。

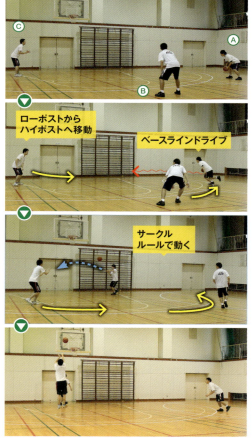

ローポストから
ハイポストへ移動

ベースラインドライブ

サークル
ルールで動く

≫ 3人による攻撃パターン例

▲Ⓐがベースラインドライブし、ローポストからハイポストに移動するⒸにパスしてシュート。Ⓑもサークルルールで動き、パスを受けられるようにする

≫ 矢印の見方

 選手の移動

 パス

 ドリブル

 シュート

なぜ必要？

全員の動きを連動させる

全員の動きが連動していないと、近くのディフェンスが邪魔になりノーマークのシュートチャンスが生まれにくい。シュートミスを少なくして確率を高めるために、動き方を確認しておく。

重要ポイント！

お互いの距離感を保つ

ボールマンが動いた方向に全体が連動して動くことによって、お互いの距離感が保たれる。このように円を描くように、呼吸を合わせて動くことを「サークルルール」という。それによってフロアーバランスが保たれ、スペースを活かしてシュートが打てる。人数別に攻撃パターンを紹介しておく。

≫4人による攻撃パターン例

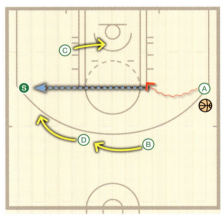

▲Ⓐがミドルドライブし、トップからウイングに移動するⒹにパスしてシュート。Ⓑ、Ⓒもサークルルールで動き、パスを受けられるようにする

≫5人による攻撃パターン例

▲Ⓐがベースラインドライブし、Ⓑ、Ⓒはサークルルールで動き、パスを受けられるようにする。Ⓔはコーナーを出てパスコースを増やす。Ⓓはセンターライン側へ移動し、セーフティ（カウンターに備えた位置どり）にいく

🔍 ベースラインドライブ

ベースライン側からゴールに向かうドリブル

🔍 ミドルドライブ

コート中央からゴールに向かうドリブル

1on1 オフェンス

的確なステップでパスを受け 1対1を優位に進める

ねらい

Menu **024** シェービングドリル

人数	2人〜
時間	3〜10分

目標値	初	中	上
	5本	7本	9本

30秒間行ったうち、レイアップシュートを決めた本数

》勝利の4原則

- 自チームのシュート本数を増やす・減らさない
- 自チームのシュート成功率を上げる
- 相手チームのシュート本数を減らす・増やさない
- 相手チームのシュート成功率を下げる

▼ やり方

1. ベースラインに2人が立ち、Ⓐがボールを持つ。
2. Ⓑがフリースローライン方向に走り、各種ステップでパスを受ける。
3. トラベリングに注意してドリブルする。
4. レイアップシュートを決める。

なぜ必要?

1対1を優位に進められる

まわりの状況や、自分が行いたいプレーによってパスの受け方は変わってくる。1対1を優位に進められるパスの受け方ができるようになると、トラベリングなどのミスが少なくなるため。

重要ポイント!

軸足が離れる前にドリブルをつき始める

パスを受けて最初に床につける足を「ピボットフット（軸足）」といい、もう一方の自由に動かせる足を「フリーフット」という。軸足が床から離れる前にドリブルをつき始めることがポイントとなる。

⑥ 種類のステップ

1. » インサイドフット－ストレートドライブ
2. » インサイドフット－クロス
3. » インサイドフット－ロール
4. » アウトサイドフット－ストレートドライブ
5. » 後ろ向きストップ－フロントターン
6. » 後ろ向きストップ－リバースターン

»インサイドフット－ストレートドライブ

▲ゴールから近いほうの足を軸に、フリーフットを真っすぐ踏み出す

≫インサイドフット－クロス

▼ゴールに近いほうの足を軸にし逆足をクロスさせる

≫インサイドフット－ロール

▼右足を軸に後ろ回転する

≫アウトサイドフット－ストレートドライブ

▲ゴールから遠いほうの足を軸に右足を真っすぐ踏み出す

≫後ろ向きストップ－フロントターン

▲アウトサイドフットを一歩目にしてゴールに背を向けて止まり、お腹側へ体を回転させる。リバースターンは、背中側へ逆回転する

5th Month

プレーの正確さを上げる

スピードが求められる5ヵ月目。
つい、雑なプレーをしがちなので
「正確さ」を強く意識して取り組もう。

シュート

シュートミスをくり返さず修正して次のシュートを打つ（ねらい）

Menu **025** 4本シューティング

人数	2人
時間	1人10秒

目標値	初	中	上
	2本	3本	スウィッシュ4本

10秒間シュートを打ったうち、成功した本数。上級者はスウィッシュシュートを決める

» 勝利の4原則
- 自チームのシュート本数を増やす・減らさない
- 自チームのシュート成功率を上げる
- 相手チームのシュート本数を減らす・増やさない
- 相手チームのシュート成功率を下げる

▼ やり方
1. 自分がシュートを決めたい地点に立つ。
2. パスを受け、シュートを4本連続で決める。
3. シュートが外れた場合、原因を探り、修正して次のシュートを絶対に決める。
4. 3ポイントシューターは、3ポイントシュートでもトライしてみよう。

Extra

決め方にこだわった目標設定を

4本中3本で換算すると75％入ることになるので、この4本を継続していくことで7割以上は安定して決まるシュート力を身につけることができる。ただし4本中3本はあくまで最低ライン。精度を高めるのであれば、4本中何本スウィッシュシュートで決められたかなど、決め方にこだわった目標設定も効果的だ。さらに10秒間のプログラムタイマーを設定して行うと、クイックモーション（速さ）が要求される練習になる。

連続して外さず修正できるように

連続して外さないということを意識し、たとえ外れてもすぐに修正できるようになるため。まずは4本打ったら、必ず2本は入るようにする。

重要ポイント！

「再現性」と「修正力」

「修正力」を上げるためには、前に打ったシュートと同じシュートをくり返せる「再現性」が必要だ。そうでなければ、間違ったときに、どこを直せば良いかわからない。したがって同じシュートをくり返せる選手が精度を高めることができる。つまりこの練習では、同じシュートをくり返せる「再現性」と、外れたシュートを正す「修正力」の2つがポイントになる。これらが達成されれば、4本中3本は決められるはずだ。

ドリブル

後方に下がるドリブルを覚える

ねらい

Menu **026** リトリート

人数	1人〜
時間	1分

目標値	初	中	上
	24秒	21秒	18秒

サイドラインからサイドラインまで1往復し、かかった秒数

≫ 勝利の4原則

- 自チームのシュート本数を増やす・減らさない
- 自チームのシュート成功率を上げる
- 相手チームのシュート本数を減らす・増やさない
- 相手チームのシュート成功率を下げる

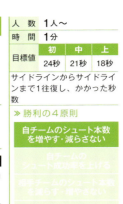

▼やり方

1. 椅子やコーンを3〜5m間隔で3つ置く（56ページと同様）。
2. 図のように、スピードドリブルで2つ目の椅子まで進む。
3. ドリブルを継続しながら止まり、リトリート（後方に下がる）ドリブルで1つ目の椅子まで下がる。
4. ドリブルチェンジで方向転換して逆側から3つ目の椅子までスピードドリブルで進み、同様に行う。

右手でイスにタッチしてリトリートドリブル

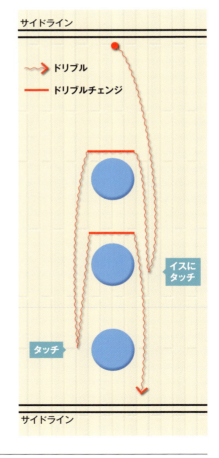

重要ポイント！

目線とアームバーそして低い姿勢を忘れずに

目線をしっかりと上げ、ボールを持っていないほうの腕をアームバーにすること。これによってディフェンスからボールをガードできる。さらにディフェンス時のステップスライド（26ページ）のような足の運びで低い姿勢をキープする。

なぜ必要？

相手との間合いができる

試合でスピードドリブルのコースにディフェンスが入ってきたとき、しっかりと止まれないとチャージング（オフェンスファウル）となる。さらに相手がプレッシャーをかけてきたとき、ダブルチーム（119ページ）をされたときなどは下がりながらドリブルをつくことによって相手との間合いができ、プレーに余裕が持てる。

Extra

ドリブルチェンジを活用しよう

左右にボールを動かす際に、（左ページ一番下の写真のような）フロントチェンジだけでなくレッグスルーやバックロールといったいろいろなドリブルチェンジを使ってみよう。

パス

スピードにのって走っても パスミスをしないで攻撃

ねらい

Menu **027** スリーメン

人 数	3人〜
時 間	5〜10分

目標値	初	中	上
	3本	4本	5本

オールコートで30秒間行い、シュートを成功させた本数

≫ 勝利の4原則

自チームのシュート本数を増やす・減らさない
自チームのシュート成功率を上げる
相手チームのシュート本数を減らす・増やさない
相手チームのシュート成功率を下げる

▼ やり方

1. 3人がベースラインに等間隔で並び、1人がボールを持つ。
2. 3人が一斉に走り出し、となりの選手にパスを出す。
3. 逆側のベースラインまでパス交換をしながら走る。
4. シュートを決め、ボールを拾う。今度は元の位置まで同様にパス交換をしながら走る。30秒間くり返す。

なぜ必要？

パスミスをせずに攻撃

実戦では常に動いている選手に対してパスを出す。このメニューではその状況に近づけるため、走っている選手に対して、自分も走りながらパスを出していく。パスミスをしないで攻撃できるチームになろう。適度な本数を行うことで体力向上にもつながる。

重要ポイント！

走り込む地点を予測してパス

パスをするときに、レシーバーが走り込む地点を予測してパスを出すこと。それによって走るスピードを活かしながら攻撃することが可能になる。レシーバーが立ち止まったり、数歩戻らないと受けられないようなパスでは、スピードにのった攻撃を展開できない。

Level UP!

ボール2つで

ボール1つでミスなくできるようになったら、ボールを2つに増やしてみよう。中央の選手はパスを出して終わりではなく、すぐに逆側の選手から出されるパスを取る準備をすることを忘れずに。ミスを減らすためには3人の呼吸を合わせることが大切になる。集中して取り組もう。

1 on 1 オフェンス

プレッシャーのなかでシュートを決めきる

ねらい

Menu **028** パワーレイアップ

人 数	2人		
時 間	1〜3分		
目標値	初	中	上
★	5本	6本	7本

30秒間行ったうち、シュートを決めた本数

≫ 勝利の4原則

自チームのシュート本数を増やす・減らさない

自チームのシュート成功率を上げる

相手チームのシュート本数を減らす・増やさない

相手チームのシュート成功率を下げる

▼ やり方

1. ボールマンがドリブルでゴールに向かい、ディフェンスが力強く押す。
2. ボールマンは体勢が崩れそうになってもシュートを決める。

ランニングステップ

なぜ必要？

試合では激しくコンタクトされる

試合でディフェンスはファウルぎりぎりのプレーでコンタクトしてくる。それに負けずにシュートを決めきるため。またファウルを受けながらシュートを決めれば、ボーナススローが1本与えられ、「3点プレー」にできる。

重要ポイント！

ランニングステップかジャンプストップか

シュートに持ち込むときにスピードを活かすならランニングステップでシュート。相手に強く押され、体勢を整える必要があるならジャンプストップ（両足着地）からシュートを決める。その際にボールを持っていないほうの腕で、ボールをガードすることが大切だ。

ジャンプストップ

Extra

フェイクを入れてからシュート

ゴール方向にボールを動かす動きをフェイクとすることもできる。それにつられてディフェンスの体が流れたら足を引き戻してターンシュートの姿勢に入る。そこに再びディフェンスがプレッシャーをかけてきたら、ステップインでゴールの近くからシュートを決める。

ディフェンス

スティールやブロックのイメージをしやすくする

ねらい

Menu **029** ドリブル制限ドリル

人数	2人
時間	3～5分

目標値 ★	初	中	上
	1回	2回	3回

3回行ったうち、オフェンスを止めることができた本数

≫ 勝利の4原則

自チームのシュート本数を増やす・減らさない

自チームのシュート成功率を上げる

相手チームのシュート本数を減らす・増やさない

相手チームのシュート成功率を下げる

▼ やり方

1. フリースローライン付近で1対1の状況をつくり、1人がボールを持つ。
2. ボールマンは1回のドリブルでシュートに持ち込むことを約束事とする。
3. ディフェンスはシュートを決められないようにする。

◀どこから攻めてきても

スタート

◀確実にブロックしよう

重要ポイント！

プレーを予測する

ディフェンスはボールマンがどこにボールをつき、どういうプレーでシュートに持ち込もうとしているか予測すること。ボールマンのプリモーション（ドリブル前の動き）に引っ掛かると、ドリブルを有効に使われシュートを決められてしまう。

なぜ必要？

ディフェンスの成功体験を増やす

ドリブルを制限してオフェンスに負荷をかけることにより、ディフェンスが成功しやすくする。つまり成功体験を増やすためであり、そうした経験値がとても大切だ。

Level UP!

ドリブルの数を増やす

ボールをつく数を1回から2回に増やすことよって、ディフェンスにとって難しい練習になる。最後はドリブルに制限を設けず1対1を行ってもOKだが、逆にそれではオフェンスの練習になりにくい。なぜなら、試合ではそんなに自由にドリブルを使えないからだ。

コンビネーション

数的有利な状況から
パスで確実に得点する

ねらい

Menu **030** 2on1

人数	3人〜
時間	3〜7分

★目標値	初	中	上
	3本	4本	5本

同じオフェンスが30秒間行ったうち、シュートに成功した本数

≫ 勝利の4原則

- 自チームのシュート本数を増やす・減らさない
- 自チームのシュート成功率を上げる
- 相手チームのシュート本数を減らす・増やさない
- 相手チームのシュート成功率を下げる

▼ やり方

1. ベースラインに2人が並ぶ（※チーム練習で行う場合には2列になる）。
2. 2人がパスしながら走り、センターライン付近まで達したら折り返し、ディフェンスが出てくる。
3. 2対1の状況で、ボールマンがディフェンスを引きつけてシュート。
4. リバウンドを拾って、同じ人がまたオフェンスへ。ディフェンスは次の人に交代。同様に30秒間行う。

❓ なぜ必要？

アウトナンバーを活かす

アウトナンバー、すなわち数的有利な状況から確実に得点できるようにするため。特に速攻で活かされるコンビネーションだ。

👆 重要ポイント！

ディフェンスを引きつける

ボールマンがディフェンスを引きつけること。十分に引きつけないまま確率の悪いシュートを打つと、ディフェンスリバウンドを取られて攻撃が終わってしまう。また、パスをせずに自分でシュートまで持ち込むこともできる。状況に応じて使い分けよう。

6th Month
より高い確率のプレーをする

基礎を身につけるには反復練習が欠かせない。
より効果を高めるために「ひと工夫」をしてみよう。
多様な刺激を加えることでさらにレベルアップできる。

シュート

ディフェンスにブロックされず シュートを打って決める

ねらい

Menu **031** クイックモーション シューティング

人数	2人
時間	1〜3分

目標値	初	中	上
★	2本	3本	4本

4本シュートを打ったうち、成功した本数

≫ 勝利の4原則

- 自チームのシュート本数を増やす・減らさない
- 自チームのシュート成功率を上げる
- 相手チームのシュート本数を減らす・増やさない
- 相手チームのシュート成功率を下げる

▼やり方

1. 1人がボールを持ち、ディフェンスは両手をヒザに置いて構える。
2. ボールマンがボールを動かしたら、ディフェンスも手を上げていく。
3. ボールマンはディフェンスのブロックがくる前に、素早くシュートを打つ。

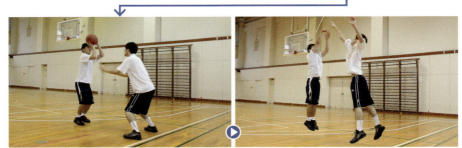

重要ポイント！

素早くしかもスムーズに

ボールを素早くリフトアップする（上げていく）際に、体がそってしまうなどバランスが崩れやすいので、素早くしかもスムーズにいつものシュートを打つことがポイントとなる。さらにこのクイックモーションのなかでシュートを修正し、連続で外さないように意識していこう。

動きを読まれない

相手にブロックをさせないためには、自分の動きを読まれないことが大切。
ムダな動きを省いてスムーズにシュートが打てるようになろう。

▲ゆっくりとしたシュートモーションだとディフェンスにブロックされるので注意しよう

 なぜ必要？

素早いモーションかつ確実に

試合でゆっくりとしたモーションで打っていたらディフェンスにブロックされてしまう。そのため素早いモーションからでも確実にシュートを決めきる力が必要となる。

 Extra

連続ジャンプからシュート

ボールを持ったまま、その場で連続ジャンプしてシュートを打つ。ディフェンスはボールがリフトアップされた瞬間に手を動かしてブロックを試みる。また、ディフェンスが手をヒザにのせるのではなく、肩のあたりに置いてスタートすると、シューティングとしての難度が上がる。

ドリブル

ドリブル練習を兼ねて運動能力も高める

ねらい

Menu 032 テニスボールドリブル

人数	1人〜
時間	2〜5分

目標値	初	中	上
	2回	3回	4回

1回テニスボールを投げ上げている間に行うドリブルチェンジの回数（同じものは×）

≫ 勝利の4原則

自チームのシュート本数を増やす・減らさない

自チームのシュート成功率を上げる

相手チームのシュート本数を減らす・増やさない

相手チームのシュート成功率を下げる

▼やり方

1. バスケットボールとテニスボールなど、違う大きさのボールを用意する。
2. 片手に1つずつボールを持つ。
3. その場でドリブルしながら、テニスボールを一瞬放してキャッチする（1≫）。
4. 2≫と3≫も行い、ドリブルチェンジを組み合わせて目標値にトライしよう。

1≫その場でボールをつき、テニスボールを一瞬放してつかむ

2≫ フロントチェンジをしながら、テニスボールを投げ上げてキャッチする

3≫ レッグスルーをしながら、テニスボールを投げ上げてキャッチする

❓ なぜ必要？

運動能力や身体能力を高める

練習で培ったドリブルの技術を試合で発揮するには、運動能力や身体能力も必要となる。そのためにテニスボールを投げ上げてキャッチするなどの「外乱因子」を交えて負荷を高める。

👆 重要ポイント！

刺激を楽しむ

このような運動能力や身体能力は、「コーディネーション」とも呼ばれている。そのなかで複数の技術を同時に発揮する力は「カップリング」という。そうした刺激を楽しみながら挑戦することが大切だ。

パス

時間と空間を把握しながらパスの動作を素早く行う

ねらい

Menu **033** 投げ上げパス

人 数	2人		
時 間	3～5分		
目標値	初	中	上
	キャッチ&リターン	ボディーサークル	8の字

それぞれのレベルの投げ上げパスを行う

≫ 勝利の4原則

自チームのシュート本数を増やす・減らさない

▼やり方

1. 2人が3～4mくらい離れて、それぞれが1つずつボールを持つ。
2. 1人がボールを真上に投げる。
3. ボールが落下する前に、もう1つのボールでパス交換する。
4. 落下してきたボールをキャッチする。

時間と空間を把握してプレーする

ボールと自分の状況を的確にとらえて、時間と空間を把握してプレーする能力を高めるため。特にこの練習ではパスの動作を素早く行えるようになる。

適度な高さにボールを上げる

ボールをどのくらいの高さまで上げると、パス交換の時間を確保できるか予測すること。高すぎるとパス交換が簡単にできてしまい、低すぎれば難しくなりすぎる。練習効果を上げるためにも適度な高さにボールを上げることがポイントになる。

 Extra

さらにレベルアップ

ボールを投げ上げる前に、腰のあたりで回して（ボディーサークル）から投げ上げたり、足の間を8の字に動かしてから投げ上げると、さらに難しい練習になる。そうやって負荷を高めることが選手にとって良い刺激になる。

ディフェンス

ミドルドライブされない強さを身につけるため

ねらい

Menu 034　フォースディレクションドリル

人数	2人
時間	2～5分

目標値	初	中	上
★	1回	2回	3回

3回行ったうち、オフェンスを止めた回数

≫ 勝利の4原則
- 自チームのシュート本数を増やす・減らさない
- 自チームのシュート成功率を上げる
- 相手チームのシュート本数を減らす・増やさない
- 相手チームのシュート成功率を下げる

▼やり方

1. ウイングで1対1の状況をつくり、1人がボールを持つ。
2. ボールマンはミドル（コートの中央）から抜こうとし、ディフェンスはミドルからは絶対に抜かれないようにする。
3. ボールマンは抜くことができたら、シュートを決めてしまう。

重要ポイント！

「ノーミドル」の約束事を徹底する

ボールマンは必ずミドルからディフェンスを抜こうとすること。それに対してディフェンスは絶対にミドルから抜かれないように体全体を使って食い止めること。「ノーミドル（ミドルから抜かれない）」という約束事を徹底するためだ。

▶強引にミドルドライブにくるボールマンに対しては、コンタクトしてシュートを打たせない

なぜ必要？

ディフェンスの技術を確認 ボールマンに負けないように

ディレクション（方向づけ）、ディスタンス（相手との間合い）、ハンドワーク、コンタクトなどディフェンスの技術を確認するため。

Extra

ベースラインドリブル可のルールにする

ミドルドライブを一度食い止めたあと、ベースラインドライブもＯＫにし、ディフェンスはボールマンの方向転換にも対応できるようにする。

コンビネーション

アウトナンバーからの得点パターンを増やす
ねらい

Menu **035** 3on2

人　数	5人1組		
時　間	3～7分		
目標値 ★	初	中	上
	3本	4本	5本
同じオフェンスが30秒間行ったうち、シュートを決めた本数			

≫ 勝利の4原則

- 自チームのシュート本数を増やす・減らさない
- **自チームのシュート成功率を上げる**
- 相手チームのシュート本数を減らす・増やさない
- 相手チームのシュート成功率を下げる

▼ やり方

1. ベースライン上にオフェンス3人と、ディフェンス2人が交互に並び、オフェンスの1人がボールを持つ。
2. ボールマンはドリブルし、他の4人はダッシュする。
3. ディフェンスは3ポイントラインで止まり、オフェンスがセンターライン付近のマークにタッチしたら3対2を開始する。

なぜ必要？

攻撃のチャンスを見つける

ディフェンスが1人少ない分、オフェンスはチャンスを見つけやすい。まだディフェンスがマークしきれていない選手にパスを出せるようになるため。また、パスを受けられるスペースに走り込めるようになるため。

ディフェンスを引きつけてパス

オフェンスにとってはアウトナンバーの（数的に有利な）状況のため、ボールマンがディフェンス1人を引きつけてパスし、2対1の状況をつくることがポイント。それによってゴール下の高確率のシュートチャンスをつくることができる。

Level UP!

短い時間でフリーのシュートチャンスを

試合では、パスを何本も通している間にディフェンスが戻ってきてしまう。そこでできるだけ少ないパスで、しかも短い時間でフリーのシュートチャンスをつくれるようになろう。

練習の進め方としては、個人に負荷をかけるのであれば同じ5人が数回、連続して行う。また一通りの流れが終わったら、次の5人組がスタートする方法もある。これは部員数が多いチームにおすすめだ。

1on1 オフェンス

自分の得点パターンを増やしていく
（ねらい）

Menu 036　30秒1on1

人数	2人		
時間	1～3分		
目標値	初	中	上
	2本	3本	4本

30秒間行ったうち、シュートを決めた本数

» 勝利の4原則

- 自チームのシュート本数を増やす・減らさない
- **自チームのシュート成功率を上げる**
- 相手チームのシュート本数を減らす・増やさない
- 相手チームのシュート成功率を下げる

▼ やり方

1. エルボー（フリースローラインの端）で1対1の状況をつくり、1人がボールマンとなる。
2. ディフェンスを振りきってシュートを決める。
3. 30秒間継続する。

? なぜ必要？

「表」を止められたら「裏」で勝負する

体力的にきつくなっても1対1で勝てる力を備えるため。また、自分の得点パターンに磨きをかけるとともに、新しいプレーにも積極的に挑戦する。「表」のプレーを止められたら、「裏」のプレーで勝負できるようにする。

重要ポイント！

いろいろなタイプの選手を相手にする

チーム練習の前後など空いている時間を有効に使うこと。そして同じくらいの身長の高さの選手だけでなく、いろいろなタイプの選手を相手にする。ガードはセンターと、センターはガードとの1対1も積極的に行おう。

7th Month

対人でのプレーで技術を発揮する

練習ではできるのに——。
試合では思いどおりのプレーをさせてもらえないもの。
自滅のミスが少なくなったら相手を苦しめる練習をしよう。

シュート

フットワークをスムーズにして素早くシュートを打てるようにする

Menu **037** クイックフットシューティング

人数	2人
時間	1〜3分

目標値	初	中	上
	2本	3本	4本

4本シュートを打ったうち、成功した本数

≫ 勝利の4原則

- 自チームのシュート本数を増やす・減らさない
- **自チームのシュート成功率を上げる**
- 相手チームのシュート本数を減らす・増やさない
- 相手チームのシュート成功率を下げる

▼ やり方

1. シュートを打つ選手はフリースローライン付近で構え、パートナーはゴール下でボールを持つ。
2. 何度か小刻みなステップを踏む。
3. パスがくるタイミングに合わせてステップを調整し、素早くシュートを打つ。

Extra

距離を伸ばしてスキーマを磨く

ゴールまでの距離を少しずつ延ばしていき、3ポイントシュートでも行ってみよう。

重要ポイント！ ステップの踏み方

右足と左足を順番に動かす。「前（右）・前（左）・後ろ（右）・後ろ（左）」のテンポで行う。

？ なぜ必要？

シュートモーションの速さはフットワークが握っている

シュートモーションの遅さは多くの場合、フットワークの遅さが原因になっている。キャッチからジャンプまでのフットワークをコンパクトにすることで、素早いモーションのシュートに近づける。

重要ポイント！

キャッチの手の出し方もしっかりと確認する

フットワークが速くなっても、キャッチの手の出し方が基本どおりできていないと、ボールを持ち直さなくてはならない状況になりがち。すると、シュートモーションは速くならない。キャッチしてからシュートを素早く打てるように準備しておこう。

ドリブル

ドリブルで速攻を展開できるようにレベルアップを図る

Menu **038** インフルエンス

人数	3人
時間	5〜10分
目標値	初 3連勝 / 中 4連勝 / 上 5連勝

それぞれのレベルに応じた回数、勝利をつかむ

》勝利の4原則

- 自チームのシュート本数を増やす・減らさない
- **自チームのシュート成功率を上げる**
- 相手チームのシュート本数を減らす・増やさない
- 相手チームのシュート成功率を下げる

▼やり方

1. ボールマンがベースラインに、ディフェンスがセンターラインに構える。
2. コート中央を割られないようにするディフェンスに対し、ボールマンはスピードを落とさずにディフェンスを抜く（抜いたら勝利）。
3. レイアップシュートを決めて、落下してきたボールをディフェンスが拾い、そのままドリブルする。
4. センターラインのディフェンスを抜き、同様に行う。

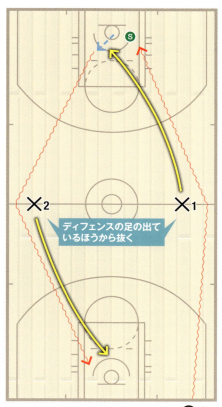

ディフェンスの足の出ているほうから抜く

❓なぜ必要？

素早く最短距離で進めるように

スピードを落とさずにディフェンスを抜けるようになるため。時間がかかると他のディフェンスが戻ってきてしまうので、この練習で素早く最短距離を進むドリブルを身につける。

🖐 重要ポイント!

間合いがあるうちに揺さぶる

インサイドアウトやクロスオーバーなどを、スピードにのったまま使ってディフェンスを抜き去る。そうすることで速攻のチャンスが広がり、ディフェンスが戻ってくる前にシュートを決められる。

パス

ディフェンスの手をかわして パスを確実に通せるように

ねらい

Menu **039** ペネトレイトパスドリル

人数	3〜6人
時間	1人30秒

目標値★	初	中	上
	6本	8本	10本

30秒間でパスを受け、シュートを決めた本数。チームで合計する

≫ 勝利の4原則

自チームのシュート本数を増やす・減らさない

▼ やり方

1. ボールマンはトップにポジションをとり、ウイングで1対1の状況をつくる。
2. トップからウイングにパスして、ペネトレイトする（ゴール方向に走り込む）。
3. ウイングでパスを受けた選手は、ディフェンスの手を避けて確実にパスを通す。
4. 走り込みながらパスを受けた選手がレイアップシュートを決める。

❓ なぜ必要？

トレースハンドをかわしてパス

ディフェンスはボールに手を据えてくる。それを「トレースハンド」という。オフェンスとしてはこのトレースハンドをかわしてパスできなければならない。

パスのタイミング

1 早いタイミングで、ディフェンスの手をかわしてパスを出す。

2 ディフェンスの裏を走るレシーバーに対して、頭の上からオーバーヘッドパスを出す。

3 **1**のタイミングで出せなかったとき、ボールをリップ（体の逆側に移動）させてからディフェンスの手をかわしてパスを出す。

1on1 オフェンス

ディフェンスを対応不能にさせるテクニックを備える

ねらい

Menu 040 アンクルブレイク 1on1

人数	2人〜
時間	3〜5分

目標値	初	中	上
★	よろける	手をつく	しりもちをつく

アンクルブレイクを仕掛け、相手を上記のような状態にさせる

» 勝利の4原則

- 自チームのシュート本数を増やす・減らさない
- **自チームのシュート成功率を上げる**
- 相手チームのシュート本数を減らす・増やさない
- 相手チームのシュート成功率を下げる

▼やり方

1. 1対1の状況をつくり、1人がボールを持つ。
2. フェイクを使ってディフェンスの重心をズラす。
3. ディフェンスの重心がズレた瞬間、ボールマンは急速に方向転換を図る。
4. 体勢を崩すディフェンスを置き去りにして、レイアップシュートを決める。

なぜ必要？

相手との駆け引きを楽しむ

アンクルブレイク、すなわちディフェンスの「足首を壊す」ようなフェイクは試合でも役立つが、バスケットボールを楽しめる要素のひとつでもある。相手との駆け引きを楽しみながら、自分のプレーを止められなければ自信が持てる。その気持ちを大事にして上達することができる。

重要ポイント！

相手の重心を察知する

ディフェンスの重心がどこにあるかを瞬時に察知すること。写真ではディフェンスの重心がベースライン方向に傾いた瞬間、ミドル（コート中央）側に方向をかえて重心を崩している。のんびりと考えている暇はない。瞬間的に判断し、体を動かすことが大切だ。

Level UP!

プリモーションで相手をほんろうする

ボディフェイクやインサイドアウトなど「プリモーション（予備動作）」のテクニックを活用しよう。プリモーションとは、フロントチェンジやレッグスルーなどの基本のドリブルチェンジの前に、相手ディフェンスの重心を動かすように駆け引きする動きのこと。こうしたスキルを使いこなしてディフェンスをほんろうするのだ。

コンビネーション

3対3で得点パターンを いくつか用意しておく

(ねらい)

Menu **041** 3on3

人数	6人		
時間	10分〜		
目標値	★初	中	上
	3回	4回	6回
10回攻めたうち、成功した回数			

≫ 勝利の4原則

自チームのシュート本数を増やす・減らさない
自チームのシュート成功率を上げる
相手チームのシュート本数を減らす・増やさない
相手チームのシュート成功率を下げる

▼やり方

1. オフェンス3人が、トップ、左右のウイングにそれぞれポジションをとり、1人がボールマンとなる。
2. ボールマンは積極的に1対1を行い、シュートに持ち込む。
3. ヘルプディフェンスがきたら、ノーマークのチームメイトにパスを出してシュートチャンスをつくる。

1≫ウイングからのベースラインドライブ

◀ボールマンⒶがウイングからベースラインドライブをしてシュートに持ち込む。それに対して×3がヘルプディフェンスにきたら、制限区域にダイブするⒸにパスを合わせることができる。同時にⒷもパスを受けられるポジションで構える

3対3で攻撃の形をつくる

スペースを確保しやすい3対3を行うことにより、1対1の技術も磨くことができる。

積極的な1対1からパスを展開できるようになることで攻撃の形がつくられるため。

重要ポイント！

ベースラインドライブやミドルドライブを積極的に行う

ドライブで確率の高いシュートをねらうことがポイント。それによってディフェンスは、ヘルプでの対応が必要となる。その状況をしっかりと見極めてノーマークのチームメイトを活かし、シュートチャンスをつくれるようにする。

2≫ ウイングからのミドルドライブ

◀ボールマンⒶがウイングからミドルドライブをしてシュートに持ち込む。それに対して×3がヘルプディフェンスにきたら、コーナーに移動するⒸにパスを合わせることができる。Ⓑもサークルルールで動き、パスを受けられる体勢をとる

3≫ トップからのドライブ

◀ボールマンⒷがトップからドライブをしてシュートに持ち込む。それに対して×3が寄ってきたら、コーナーに移動するⒸにパスを合わせることができる。Ⓐもサークルルールで動き、パスを受けられる体勢をとる

ディフェンス

相手をゴールに近づかせず難しいシュートを打たせる

ねらい

Menu 042　ノーレイアップドリル

人数	2人
時間	1人1分

★目標値	初	中	上
	シュートを決めさせない	レイアップを打たせない	シュートを打たせない

3回のディフェンスのなかで相手に1回もさせないこと。それぞれのレベルに応じた「させないこと」をチェック

》 勝利の4原則

- 自チームのシュート本数を増やす・減らさない
- 自チームのシュート成功率を上げる
- 相手チームのシュート本数を減らす・増やさない
- **相手チームのシュート成功率を下げる**

▼やり方

1. ウイングで1対1の状況をつくり、1人がボールを持つ。
2. フォースディレクションドリル（86ページ）と同様に、ボールマンはミドル（コート中央）から抜こうとし、ディフェンスは食い止める。
3. ディフェンスはレイアップシュートを打たせず、苦しい体勢でのミドルシュートを打たせるように仕向ける。

? なぜ必要？

高確率のシュートを打たせない

ボールマンにレイアップシュートなど、高確率のシュートを打たせないため。

重要ポイント！

ファウルをしないように注意

ディフェンスはチャンスがあればボールを取ってもいいが、ファウルをしないように注意する必要がある。ファウルをせず、相手に苦しいシュートを打たせることが大切だ。

8th Month
相手のプレッシャーに負けない

レベルが上がるとともに相手のプレッシャーが強くなる。
攻撃ではそれに負けず、ディフェンスではそれ以上の
プレッシャーを相手に与えられるようになろう！

ドリブル

ねらい
プレッシャーをはね退け
ドリブルし続ける

Menu **043** ドリブルキープドリル

人数	2人
時間	2人で1分

目標値 ★	初	中	上
	背中向き	半身	正対

各20秒間、それぞれのレベルに応じた状態でボールをキープする

≫ 勝利の4原則

自チームのシュート本数を増やす・減らさない

自チームの
シュート成功率を上げる

相手チームのシュート本数
を減らす・増やさない

相手チームの
シュート成功率を下げる

▼やり方

1. 1対1の状況で、1人がドリブルを開始する。
2. もう1人がディフェンスとしてプレッシャーをかける。
3. ディフェンスを背にした状態でドリブルし続ける（1≫）。
4. 2≫と3≫の状態もつくり、同様にくり返す。

1≫ディフェンスを背にする

? なぜ必要？

攻撃展開に必要な「キープ力」を身につける

ドリブルを一度開始したら、たとえ相手のプレッシャーを受けても安易に止めないため。ドリブルを継続しながら攻撃を展開できるキープ力を備える。

2 ≫ ディフェンスが横から

▶ディフェンスに対して半身の状態で行う

重要ポイント!

低い姿勢 アームバーで ガード

ヒザを適度に曲げて低い姿勢をとり、ボールを持っていないほうの腕をアームバーにし、ボールをガードする。また、しっかりと顔を上げてまわりの状況を把握することも大切だ。

Level UP!

3 ≫ ディフェンスと正対

一番難しいのはディフェンスと正対してのドリブル。ボールをつくリズムとオンサイドフット（ボールを持っている側の足）のリズムが同じにならないようにし、いつでもドリブルで仕掛けられるようにしよう。そうすればディフェンスはプレッシャーをかけにくくなる。

パス

ディナイしているディフェンスにパスをカットされない

ねらい

Menu **044** パスレシーブドリル

人 数	3～4人		
時 間	1人30秒		
目標値 ★	初	中	上
	4回	6回	8回

10回パスを行ったうち、パスが通った回数

≫ 勝利の4原則

自チームのシュート本数を増やす・減らさない

▼やり方

1. 3人1組となり、トップにボールマン、ウイングで1対1の状況をつくる。
2. ディフェンスは、マークする相手にパスが渡らないようにディナイ（パスコースを封じる）。
3. ボールマンは、ディフェンスのマークが外れた瞬間を見逃さず、確実にパスを出す。
4. パスが通ったあと、ボールマンにボールを返して再び行うか、そのまま1対1を行うかは練習の目的に応じて決める。

❓ なぜ必要？

正確なパスを通す

ウイングは1対1を仕掛けるうえでも、インサイドにパスを入れるためにも重要なエリア。それだけにディフェンスのプレッシャーも強いため、正確なパスが必要となる。

重要ポイント！

お互いの息を合わせてパス

パッサーとレシーバーのタイミングを合わせるのがポイント。ノーマークの状態となるレシーバーの動きを把握し、正確にパスを出せるようになることが大切だ。

Extra

4人1組で

トップのボールマンに対してもディフェンスをつける。いわば2対2の状況のなかで、パッサーはディフェンスの手をかわしてパスを出す技術が培われる（96ページ／ペネトレイトパスドリル参照）。

1on1 オフェンス

リバウンド力を向上させて ゴールへの執着心を備える

(ねらい)

Menu 045 ジャングルドリル

人数	3〜5人
時間	30秒〜2分

★目標値	初	中	上
	3回	4回	5回

30秒間行ったうち、シュートを決めた本数

》勝利の4原則

- 自チームのシュート本数を増やす・減らさない
- 自チームのシュート成功率を上げる
- 相手チームのシュート本数を減らす・増やさない
- 相手チームのシュート成功率を下げる

▼やり方

1. 1人がボールを持ってフリースローラインに立ち、他の3人がゴール下でポジションを取り合う。
2. フリースローラインからシュートを打ち、落下してきたボールを他の3人が奪い合う。
3. ボールを拾った選手が、他2人の選手のプレッシャーをはね退けてシュートを決める。

? なぜ必要?

ゴール下は「ジャングル」

試合でのゴール下は、「ジャングル」のごとく敵味方が入り乱れる密集地帯。そのなかでリバウンドをもぎ取り、勝負のかかったシュートを決められるようになるため。また、リバウンドはシュート本数に直結するので勝敗に影響する。

ボールを奪えなかったら協力プレー シュートが入るまで闘いは続く

たとえ自分のところにボールが落下せず、他の選手がリバウンドを取ってもあきらめてはならない。2人で協力してディフェンスし、再びリバウンド争いに持ち込むこと。

▲シュートが入るまでジャングルドリルは終わらない

Extra

4人で争うと使える戦術が増える

もう1人が加わることによって、2対2のリバウンド勝負をすることもできる。ここではチームメイトがリバウンドを取りやすくなるように、相手をボックスアウトするような技術も交えることができる。

※ボックスアウト＝ディフェンスリバウンドで相手をゴールに近づかせないようにコンタクトする技術。

ディフェンス

ボールマンに近い選手にパスを受けさせない

ねらい

Menu 046 ディナイドリル

人数	3人
時間	1人30秒

目標値	★初	中	上
	5回まで	3回まで	1回まで

30秒間行ったうち、パスを通されても許される回数

≫ 勝利の4原則

- 自チームのシュート本数を増やす・減らさない
- 自チームのシュート成功率を上げる
- **相手チームのシュート本数を減らす・増やさない**
- 相手チームのシュート成功率を下げる

▼やり方

1. 3人1組となり、トップにボールマン、ウイングで1対1の状況をつくる。
2. ディフェンスは、マークする相手にパスが渡らないようにディナイ(パスコースを封じる)。
3. パスが渡った場合、ディナイドリルを継続するか、1対1を行うか練習の目的に応じて決める。

❓ なぜ必要?

ディナイディフェンス

ボールマンの近くの選手へのパスを封じることにより、攻撃のリズムを狂わせることができる。これを「ディナイディフェンス」といい、ボールを持たない相手へのディフェンスの基本だ。

ディフェンスマンの姿勢

適度にヒザを曲げて低い姿勢をとり、体をマークマンに向ける。これを「クローズスタンス」という。アウトサイドでパスを受けようとする相手に対しては、アウトサイド側の手をパスコースに置く（左ページ写真では左手）。インサイドでパスを受けようとする相手に対しては、インサイド側の手をパスコースに置く（写真では右手）。
ＮＧ：パスコースに、手ではなく体が入るようなディナイだと、相手に逆方向に動かれてパスが渡ってしまうので気をつけよう。

Level UP!
フェイクにも対応しよう

パスを受けようとする選手がインサイドとアウトサイドを往復することで、ディナイの手の入れかえや体の使い方を練習できる。その際は両足をクロスさせず、ステップスライド（26ページ）で移動しよう。

コンビネーション

誰にパスをするべきか
瞬時の判断力を高める

Menu **047** 条件つき4on4

人数	8人
時間	5～10分

目標値 ★	初	中	上
	3回	4回	6回

10回攻めたうち、成功した回数

≫ 勝利の4原則

- 自チームのシュート本数を増やす・減らさない
- 自チームのシュート成功率を上げる
- 相手チームのシュート本数を減らす・増やさない
- 相手チームのシュート成功率を下げる

▼やり方

1. 4対4で、2人ずつが同じ色のシャツを着る。
2. （写真のように）「白・白・緑・緑」対「赤・赤・橙・橙」となり、同じ色の選手にはパスを出さずに攻撃する。
3. 決着がついたらパートナーを変えて行う。

◀ボールマン（白）はウイング（緑）の2人にパスを出せる

◀ウイング（緑）はポストマン（白）にパスを出し

◀リターンパスを受けてシュートチャンスをつくる

❓ なぜ必要?

自分と同じ色にはパスができないため より高い判断力が求められる

判断力を高めるため。条件を設けない4対4のほうが自分のスキルを発揮しやすいが、いつもと同じプレーになってしまうため、あえて練習に負荷をかける。
なお、同じ色の選手にパスを出すのはルール違反となり、攻守交代となる。

👆 重要ポイント!

次の展開を予測する

オフェンスは、パスを受けられる2人がしっかりと準備すること。同じ色の選手はその次の展開を読んで動くこと。さらにディフェンス4人もその状況を理解して対処しよう。

シュート

フットワークをスムーズにして素早いシュートを打てるようにする

ねらい

Menu 048 オフドリブルシューティング

人数	1人～		
時間	1～3分		
目標値	★初 2本	中 3本	上 4本

4本シュートを打ったうち、成功した本数

》勝利の4原則

自チームのシュート本数を増やす・減らさない

自チームのシュート成功率を上げる

相手チームのシュート本数を減らす・増やさない

相手チームのシュート成功率を下げる

▼やり方

1. まずは1人で、トップでボールを持ち攻撃の基本姿勢をとる。
2. ドリブルを1回つきながらクロスステップを踏む。
3. しっかり止まってジャンプシュートを打つ。
4. 1人で決まるようになったら、ディフェンスをつけて行う。

 なぜ必要？

試合で多く使われるシュート

ジュニア期のレベルでは試合中にドリブルからのシュートを使う場面が非常に多い(パスやスクリーンのレベルが低いため)。そのため、ドリブルからのボールの持ち方、シュートへのクイックモーションを身につける必要がある。

 重要ポイント!

その他の3パターン

写真は、左足をクロスさせてドリブルをつく「クロスオーバーステップ」。他に次のようなパターンがある。

1. 右足をクロスさせてドリブルをつく「クロスオーバーステップ」。
2. 右足をクロスさせずにドリブルをつく「オンサイドステップ」。
3. 左足をクロスさせずにドリブルをつく「オンサイドステップ」。

9th Month
状況を判断できるようにする

練習で培ってきたシュート、ドリブル、パス、そしてディフェンス。
試合では、状況に応じてそれらのテクニックを使い分ける力も必要。
正しい状況判断を身につけて自然にできるようになろう。

シュート

正しい姿勢のシュートを打ち込むことで感覚をつかむ

Menu **049** 100本シューティング

人 数	2人		
時 間	10～15分		
目標値	初	中	上
	50本	70本	90本

100本シュートを打ったうち、成功した本数

≫ 勝利の4原則

- 自チームのシュート本数を増やす・減らさない
- 自チームのシュート成功率を上げる
- 相手チームのシュート本数を減らす・増やさない
- 相手チームのシュート成功率を下げる

▼ やり方

1. 10ヵ所（左右のローポスト、フリースローライン、左右のエルボー、3ポイントラインのトップ、左右のウイング、左右のコーナー）にコーンを置く。
2. 同じところから10本ずつ、合計100本のシュートを打つ。
3. 時間が許す限り、数セット行えると良い。

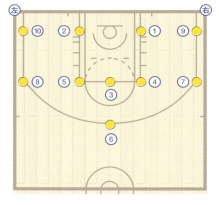

①	右のローポスト
②	左のローポスト
③	フリースローライン
④	右のエルボー
⑤	左のエルボー
⑥	トップ
⑦	右のウイング
⑧	左のウイング
⑨	右のコーナー
⑩	左のコーナー

正しいフォームで打ち込んでスキーマと感覚を磨く

いろいろなところからシュートを打ち、スキーマ「距離感」を磨くのに加え、正しいフォームでシュートを打ち込み、シュートの感覚をつかむ。

重要ポイント！

ムダな動きがなくなる

シュートを打ち続けると、次第に疲れてムダな動きがなくなっていき、シュートを決めるのに必要な動作だけに洗練されていく。それだけに100本打って満足せず、500本や1000本と数多く打ち込む日をつくると良い。ただしシュートフォームが崩れると、問題のあるシュートフォームが身についてしまうので、正確なシュートフォームで打ち続けることが大切だ。特にハンズレディがおろそかになりがちなので注意しよう。

 Extra

記録をつけて得意・不得意を分析

決まった本数を記録することにより、自分が得意とするスポットとそうでないところが見えてくる。苦手なエリアを克服し、得意なスポットを増やそう。

ドリブル

2人がかりでも動じないキープ力を手にする

ねらい

Menu **050** ダブルチームドリブル

人数	3人
時間	1人30秒

目標値	初	中	上
★	5秒	10秒	15秒

ハーフコート内で30秒行ったうち、ボールをキープし続ける秒数

≫ 勝利の4原則

▼ やり方

1. 3人1組になる。
2. 2人のディフェンスに対して、ボールマンがドリブルで突破する。
3. 2人の間を割ったり、どちらかの横をすり抜けるドリブルを試みる。
4. 交代で行う。

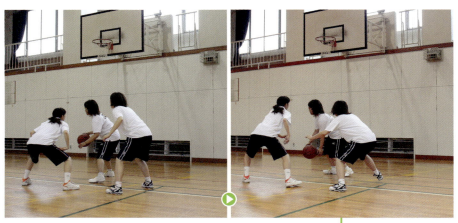

なぜ必要？

2人のディフェンスに囲まれても焦らない

バックコート（自陣）からフロントコート（敵陣）にボールを運ぶ際、2人がかりでトラップしてくる状況（ダブルチーム）がある。いざ試合で焦らないように、練習でそうした状況を想定し、正しい判断でドリブルできるようにするため。

重要ポイント！

ディフェンスの手の届きにくいところで

2人の間を割る際には、低いところでボールをつくことにより、ディフェンスの手の届きにくいところでドリブルを継続できる。後ろに下がってスペースをつくる「リトリートドリブル」なども有効だ。

指導者へのアドバイス

試合でパニックに陥らないように

日常の練習でディフェンスにダブルチームされる状況を経験していないと、試合で選手はパニックになります。トラップを仕掛けられたり、激しいプレッシャーをかけられることを練習で経験していれば、試合でもパニックに陥ることなく、冷静に対処できるでしょう。それだけに練習で負荷を上げることが大切です。

パス

状況（シグナル）を認知し正しく判断してプレーする

ねらい

Menu 051 シグナル対応ドリル

人数	2〜4人
時間	3〜5分

目標値	初	中	上
	3回	4回	5回

5回行ったうち、正しく判断してプレーできた回数

≫ 勝利の4原則

自チームのシュート本数を増やす・減らさない

▼ やり方

1. ボールマンがトップからゴールに向かってドリブルする。
2. ゴール下に1人か2人いる選手が、ボールマンに向かってシグナルを出す。
3. ボールマンは「×」のシグナルを出している選手にはパスを出さず、パスを受けられる体勢の選手にパスを出しシュートを打たせる。
4. 全員が「×」の場合、自分でレイアップシュートに持ち込む。

▲左の選手にパスを出すケース

なぜ必要?

とっさの状況でもプレーを選んで反応できるように

シュートを打つタイミングなのにパスしてミスしたり、パスするべきなのにシュートを打って外すミスを減らしていくため。ドリブルでスピードにのった状態でも、状況（シグナル）を認知して判断しながらバランスを意識してプレーする。こういった練習を取り入れておくことで、実戦で急にディフェンスが出てきたときにも、途中でプレーを変えられる力が身につく。

重要ポイント！

練習の効果を高められるように

シグナルを出すタイミングが練習の効果を左右する。早すぎれば簡単に判断してプレーできる。逆にシグナルが遅すぎると、ボールマンは判断することが不可能になってしまう。

指導者へのアドバイス

瞬時の対応力を備える

高い負荷の練習を行い、適応能力（アダプタビリティ）を上げていきます。試合では、状況に応じて変わるディフェンスの動きに、オフェンスも瞬時に判断して対応できなければなりません。この練習を通じて、対応力を備えていきましょう。

Extra

3人からシグナル

できるようになったらシグナルを出す選手を3人に増やして行ってみよう。視野をさらに広げることが求められるため、難易度はグッと上がる。また、逆に人数を減らしてシグナルを出す選手を1人にすれば初心者向けのメニューとなる。

1on1 オフェンス

ディフェンスとの距離を見てプレーをセレクトする

Menu 052　オフドリブルジャンプショット

人数	2〜15人
時間	3〜5分

★目標値	初	中	上
	10本	15本	20本

3分間行ったうち、成功した本数。チームで合計する

≫ 勝利の4原則

- 自チームのシュート本数を増やす・減らさない
- **自チームのシュート成功率を上げる**
- 相手チームのシュート本数を減らす・増やさない
- 相手チームのシュート成功率を下げる

▼ やり方

1. ウイングで1対1の状況をつくり、1人がボールマンとなる。
2. ボールマンがドリブルを開始し、ディフェンスはハッシュマーク（フリースローレーン中央部のマーク）などを踏んでから追いかける。
3. ボールマンはディフェンスとの距離に応じてどのシュートを打つか判断する。

1 ≫ ディフェンスが近くにいるため、シュートチェックされる前にジャンプシュートを素早く打つ

2》ディフェンスが遠くにいるため、ゴール下まで侵入し確率の高い
　　レイアップシュートを打つ

3》ディフェンスがドリブルのコースに入ってくるため、相手の逆をついて
　　切り返し、スペースをつくってジャンプシュートに切りかえる

❓ なぜ必要？

ディフェンスの状況を見て判断する

自分が打ちたいシュートを打つのではなく、ディフェンスの状況を見て判断し、打つべきシュートがセレクトできるように。

ディフェンス

**ねらい 相手のドライブを
チームディフェンスで止める**

Menu 053 ヘルプドリル

人数	4〜6人
時間	5〜10分

目標値	初	中	上
★	4回	6回	8回

10回行ったうち、ディフェンスが守りきった回数

≫ 勝利の4原則

- 自チームのシュート本数を増やす・減らさない
- 自チームのシュート成功率を上げる
- 相手チームのシュート本数を減らす・増やさない
- 相手チームのシュート成功率を下げる

▼ やり方

1. トップにボールマンⒶ、ウイングで1対1の状況をつくり、ディフェンスがもう1人ヘルプポジションに入る。
2. ウイングでパスを受けたⒷがベースラインドライブする。
3. ディフェンス①が追いかけ、ディフェンス②がⒷを制限区域に入れさせないようにヘルプする。

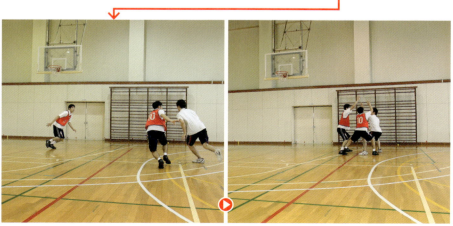

ドライブにチームで対応

ドライブにはチームで対応できるようにしておく。1人では抜かれてしまう状況でも、ヘルプが入ることで対処できることを覚えよう。

2人がくっついて壁になる

ボールマンがゴールに近づいたとき、ディフェンス2人の間が空いていると、その間をドリブルで割られる。それを防ぐためには2人がくっついて壁のようになること。そうすることでボールマンのドリブルを止めることができる。そしてヘルプに行った選手のマークマンがノーマークになるためもう1人のディフェンス（下図×1）は、ゴール下が空かないようにローテーションして移動することが重要だ。

Extra

3対3で

同じ状況を3対3で行う。Ⓑのドライブに対して×3がヘルプ（図1）。ⒷからⒶにパスが渡ったら、×2がクローズアウトし（走り寄り）、×1はⒸをマーク（図2）。

このように3人以上がマークマンを変えて対応するチームディフェンスを「ローテーション」という。

図1

図2

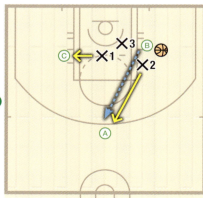

コンビネーション

ベースラインドライブの攻防を4対4で確認し試合に近づける

ねらい

Menu **054** 4on4

人 数	8人		
時 間	5〜10分		
目標値 ★	初	中	上
	3回	4回	6回

10回行ったうち、成功した回数

≫ 勝利の4原則

自チームのシュート本数を増やす・減らさない

自チームのシュート成功率を上げる

相手チームのシュート本数を減らす・増やさない

相手チームのシュート成功率を下げる

▼やり方

1. 4対4の状況をつくる。
2. ⒶからパスをけたⒸがベースラインドライブし、×4がヘルプする（図1）。
3. ⒸはⒷにパスを出し（図1）、×2がクローズアウトする（図2）。
4. Ⓑはシュートを打てなければⒹにパスを出し、ディフェンスは×4が素早く対応する。

図1

図2

重要ポイント！

エクストラパス

オフェンスは、ⒷからⒹへのパスのように完全にノーマークをつくる「エクストラパス」を意識する。逆にディフェンスはそれに素早く対応できるように練習しよう。

10th Month
どんな相手でも確率を下げない

自分たちがうまくなるほど、相手のレベルも上がる。
大切なのは、どんな相手でも成功率を下げないこと。
前向きに取り組んでプレーの精度を高めていこう。

シュート

素早い動きのシューティングでシュートの精度をさらに高める

ねらい

Menu **055** ラピッドファイヤー

人数	2人
時間	1分30秒

目標値	初	中	上
	16回	20回	24回

1分30秒間シュートを打ったうち、成功した本数

≫ 勝利の4原則

- 自チームのシュート本数を増やす・減らさない
- **自チームのシュート成功率を上げる**
- 相手チームのシュート本数を減らす・増やさない
- 相手チームのシュート成功率を下げる

▼やり方

1. 左右のショートコーナー、左右のエルボーの4ヵ所にコーンを置く。
2. 2人1組となり、パートナーがゴール下から出すパスを受け取り、左のショートコーナーからシュート。
3. パートナーがリバウンドを拾ったあと、同じサイドのエルボーに動き出して同様にシュート。まずこのショートコーナーとエルボーの往復を30秒間続ける。
4. 次にエルボーからエルボーに、横の動きをしてシュート。これも30秒間継続。
5. 最後に右のエルボーから同じサイドのショートコーナーを往復して30秒間。合計すると1分半、シュートを打ち続けることになる。

❓ なぜ必要？

素早く動いてパス→シュート

「ラピッド（速い）」という文字どおり、試合では素早く動きながらパスを受けてシュートを決めなければならないため。またパッサーから離れる動き、横への動き、パッサーに近づく動きからのシュートを確認できる。

ボールがパートナーの手についた瞬間にスタートを切る

シュートを打つ選手は、シュートを打ったあと、すぐに動き出さないようにする。パートナーが落下してきたボールを拾ってから動き出すこと。パートナーがリバウンドを拾った時点で、次のコーンに到着していると、立ち止まった状態でのシュート練習になってしまうので注意しよう。

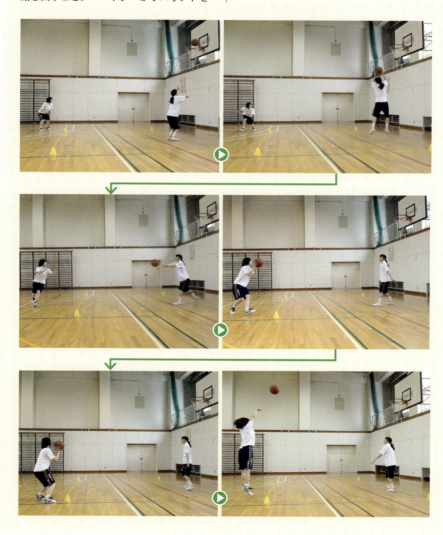

ドリブル

ドリブルのテクニックを組み合わせて連続で発揮する

ねらい

Menu 056 ドリブルコンボ

人数	1人〜
時間	3〜5分

目標値	初	中	上
	18秒	15秒	12秒

スタートからゴールまでかかった秒数

» 勝利の4原則

▼やり方

1. 3つの椅子やコーンを3〜5m間隔で置く。
2. 1つ目の椅子の前でフロントチェンジを行い（①）、2つ目の椅子までスピードドリブルで移動。
3. 同様に②〜⑥を行い、ゴールする（右ページ参照）。

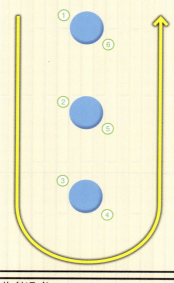

① ≫ フロントチェンジ

② ≫ フロントチェンジ
　　→フロントチェンジ

③ ≫ レッグスルー→バックロール

④ ≫ レッグスルー→レッグスルー

⑤ ≫ フロントチェンジ
　　→レッグスルー
　　→バックビハインド

⑥ ≫ フロントチェンジ
　　→レッグスルー
　　→バックビハインド
　　→バックビハインド

なぜ必要?

複数のスキルの連結を高める

ドリブルのスキルとスキルの連結を高めておくことで、相手の動きに対応できるくらいのレベルに到達できる。

重要ポイント!

顔を上げてドリブル

しっかりと顔を上げてドリブルして相手やフロアーの状況を把握し、適切なドリブルをセレクトすること。

 Extra

ドリブルの本質は「移動」

サイドラインから逆側のサイドラインまで、なにも持たずにダッシュすれば5〜6秒で往復できる。時間がかかってしまうなら、ボールハンドリングがスピードを落とす足かせになっているということ。ドリブルの本質は「移動」なので、スキルの不足が移動を制限しないレベルまでスキルを磨こう。

パス

次の展開を先読みして動けるようにする

ねらい

Menu **057** ブレインボール

人数	6〜10人		
時間	3〜5分		
★目標値	初	中	上
	5回	7回	10回

連続でパスを成功させる本数

≫ 勝利の4原則

自チームのシュート本数を増やす・減らさない

▼やり方

1. ゴールの位置は関係なく、4人対4人で広がる。
2. ボールを持っているチームがパスを回す。
3. ボールを持っている選手が相手チームにタッチされたら、パスを回すチームが逆となる。

❓なぜ必要?

ディフェンスを振りきってパスを受ける

パスを出したら動くという習慣づけ。ボールを持つ前にディフェンスを振りきっていないと、相手にタッチされて相手のボールになってしまう。ただ受ければいいのではなく、ディフェンスを振りきって受けることによって、試合でのシュートチャンスが生まれる。

重要ポイント!

駆け引きを制してパスを受け取る
全選手がワンプレーに集中する

パスを受ける選手がマークマンとの駆け引きのなかで素早く動くこと。そして他の選手もパスが渡ったあとの展開もイメージして、ポジションをとっておくこと。そうしてパスコースをたくさんつくっておくことがポイントだ。

▲パスを受けたとき、相手チームにタッチされたら攻守交代

Extra

レクリエーションの要素がある

パス回しが上手になり、かつ楽しみながらできる。練習メニューとしてだけでなく、ウォーミングアップに取り入れるのもおすすめ。

1on1 オフェンス

1対1に連続で勝って モチベーションを高める

ねらい

Menu 058 勝ち残り1on1

人 数	3人〜		
時 間	3〜5分		
目標値 ★	初	中	上
	3回	5回	7回

連続で勝ち残る回数

» 勝利の4原則

- 自チームのシュート本数を増やす・減らさない
- **自チームのシュート成功率を上げる**
- 相手チームのシュート本数を減らす・増やさない
- 相手チームのシュート成功率を下げる

▼ やり方

1. 必要最小限の人数は3人（ボールマン、ディフェンス、オフェンス）。それよりも多い場合はトップに複数人並んで待機する。
2. トップのボールマンからウイングにパスが出された瞬間、ディフェンスがゴール下から走り寄る。
3. 1対1を行い、シュートが決まったら続けてオフェンスができる。
4. シュートが外れたら、ディフェンスをしていた選手がオフェンスをする。シュートを外した選手、もしくは待機していた選手がボールマンになって次のゲームがスタートする。

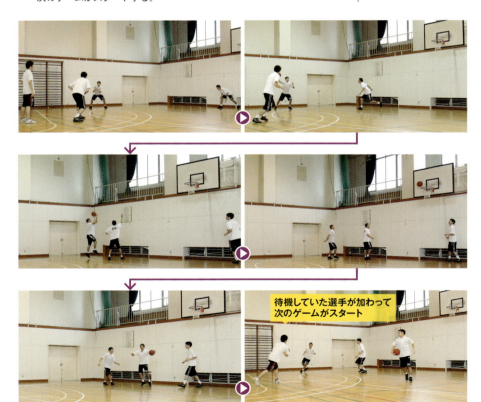

待機していた選手が加わって次のゲームがスタート

❓ なぜ必要?

勝負形式にすることで意欲向上
1対1のシーンで勝つ大切さを学ぶ

「1対1で勝つ」価値を理解して、練習の意欲を向上させる。逆に得点を決められたディフェンスは、なかなかオフェンスをさせてもらえない。すなわちディフェンスの大切さも体感できる。

👆 重要ポイント!

ボールとディフェンスを見る
周辺視野を広く持つことが重要

オフェンスを仕掛ける選手のパスの受け方が最初のポイント。ボールを周辺視野でとらえながらパスを受けつつ、走り寄るディフェンスの状況を把握。そうしてシュートへの持ち込み方をイメージしながらパスを受ける。

Extra

2人で行う場合

自主練習などを通じて2人で行う場合には、ゴール下のディフェンスがオフェンスにパスしてスタートすることもできる。

コンビネーション

ベースラインからの
フォーメーションを用意する

ねらい

人数	8～10人		
時間	5～10分		
★目標値	初	中	上
	3回	4回	6回
10回攻めたうち、成功した回数			

Menu 059 アウトオブバウンズプレー①

≫ 勝利の4原則

自チームのシュート本数を増やす・減らさない

自チームのシュート成功率を上げる

相手チームのシュート本数を減らす・増やさない

相手チームのシュート成功率を下げる

▼やり方

1. Ⓐがインバウンダー（パスを出す選手）となり、ベースラインの外でボールを持つ。
2. Ⓑ、Ⓒ、Ⓓがボールサイドの制限区域のラインに沿って並ぶ。
3. Ⓔは逆サイドのエルボーにポジションをとる。
4. Ⓑ、Ⓒの順にⒶからパスを受ける動きをしてから、Ⓑがスクリーン（ディフェンスの動きを邪魔する壁）をセットする（図1）。
5. Ⓔがそのスクリーンと（図1）、Ⓓのスクリーンを使ってⒶからパスを受け、シュートを打つ（図2）。
6. いくつかのパターンを用意しておく。

▲図1

▲図1　　　▲図2

図1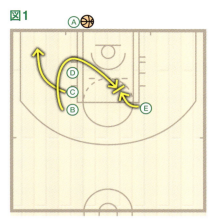

図2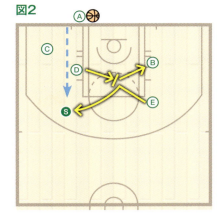

❓ なぜ必要？

アウトオブバウンズプレーの対応

ボールがベースラインやサイドライン（148ページ）の外に出たとき、またはタイムアウト後に再開するプレーを「アウトオブバウンズプレー」という。そのような状況からのシュートチャンスにも備えておくことが、試合の勝敗を分けることがある。

👆 重要ポイント！

シュートチャンスをつくり出せる最良の選択をする

試合状況によって、インバウンズパスを確実に通すことを最優先にするか、シュートチャンスをつくるかを的確に判断すること。そしてディフェンスの対応によって別の選手もパスを受けられるようにしておく。

Extra

パターンをいくつか準備する

別のフォーメーションもいくつか準備しておけば相手は対応に困る。でもたくさん準備しすぎても選手が覚えきれないので、必要数にとどめる。

ディフェンス

ボールマンを制限区域に絶対に入れさせない

ねらい

Menu 060 ノーペイントドリル

人数	6人
時間	5〜10分

目標値	初	中	上
★	8秒	16秒	24秒

ペイントエリアにオフェンスを入れさせない秒数

≫ 勝利の4原則

- 自チームのシュート本数を増やす・減らさない
- 自チームのシュート成功率を上げる
- 相手チームのシュート本数を減らす・増やさない
- 相手チームのシュート成功率を下げる

▼ やり方

1. 3対3の状況をつくる。
2. オフェンスはドリブルやパスで制限区域（ペイントエリア）内からのシュートをねらう。
3. ディフェンスは制限区域内に入らせないようにチームディフェンスする。

 重要ポイント！

相手に高確率でシュートを決めさせないために最善を尽くす

オフェンスに確率の悪いシュートを打たせることが目的。制限区域内のシュートは確率が高いので、ボールマンに必死に食らいつきドリブルのコースに入る。そして抜かれそうになってもヘルプディフェンスする。さらにパスを展開されてもクローズアウトし（走り寄り）、速やかに対応。遠くから難しいシュートを打たせよう！

◀写真上はボールマン Ⓐ から Ⓑ にパスを出す直前。Ⓑ はパスを受け、ドリブルで制限区域に入ろうとするが、ディフェンスには阻まれたので（写真中）Ⓐ にパスを戻し、Ⓐ は Ⓒ にパスを出して制限区域内からのシュートをねらおうとしている（写真下）

11 th Month
チームとして良いプレーをする

1人の力では状況を打開できないとき。
そんなときに助け合うのがチームメイトだ。
練習で培ったチームプレーでピンチを乗りきろう。

シュート

疲れてきても3ポイントシュートを外さない

ねらい

Menu 061 スターシューティング

人　数	2人		
時　間	1人1分		
目標値	初	中	上
	3回	6回	10回

1分間シュートを打ったうち、成功した本数

》勝利の4原則

自チームのシュート本数を増やす・減らさない

自チームのシュート成功率を上げる

相手チームのシュート本数を減らす・増やさない

相手チームのシュート成功率を下げる

▼やり方

1. 3ポイントライン上の5ヵ所にコーンを置く（下図①〜⑤）。
2. シュートを打つ選手はトップでハンズレディの構えをとり、パートナーがゴール下でボールを持つ。
3. パートナーからのパスを受けて、①〜⑤の順に1分間、3ポイントシュートを打ち続ける。

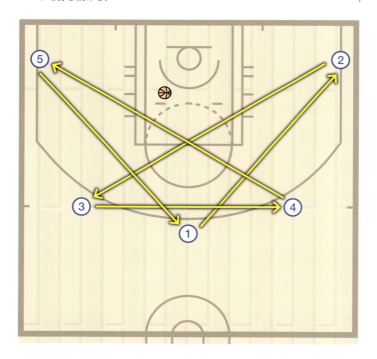

① トップ
② 右サイドのコーナー
③ 左サイドのウイング
④ 右サイドのウイング
⑤ 左サイドのコーナー

なぜ必要?

どのスポットからも3ポイントシュートを決める

選手それぞれに3ポイントシュートが入る得意なスポットと、不得手なスポットがあるが、どこからでも入るようにするため。

また「スター」という文字どおり、星型に動くことにより、シュートを決めるうえで必要な体力アップにもつながる。

重要ポイント!

シュートを打ったあとはダッシュで移動

3ポイントシュートを打ったら、ゆっくりと次のスポットに移動するのではなく、ダッシュで移動する。試合でも緩急をつけた素早い動きでディフェンスを引き離してシュートを決める技術が求められる。のんびりと走って打ち続けても、練習の効果は上がりにくい。

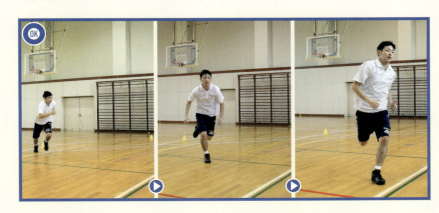

ドリブル

自陣から敵陣に確実に
ボールを運べるように

ねらい

Menu **062** 1on1ボールダウン

	人　数	2人〜	
	時　間	2〜10分	
目標値	初	中	上
	制限なし	8秒	センターサークル8秒

初級と中級はハーフラインを、上級はセンターサークルを通過する

≫ 勝利の4原則

| 自チームのシュート本数を増やす・減らさない |
| 自チームのシュート成功率を上げる |
| 相手チームのシュート本数を減らす・増やさない |
| 相手チームのシュート成功率を下げる |

▼ やり方

1. ベースライン付近で1対1の状況をつくり、1人がボールを持つ。
2. ボールマンはドリブルを開始し、ディフェンスと駆け引きする。
3. ドリブルで抜けるタイミングを逃さず、一気に抜き去る。
4. スピードドリブルでゴールに向かう。

なぜ必要？

プレッシャーに負けずにボールを運ぶ

ディフェンスのプレッシャーをはね退けてドリブルでボールを運べるようになるため。またドリブルで速攻を展開できるだけのスピードを備える。
ディフェンスを抜いたあとは、大きく前にボールをつくスピードドリブルでゴールに向かう。シュートまでのドリブル数を制限すると、上級者向きのメニューにもなる。

重要ポイント！

センターサークルの近くから

ボール運びでサイドラインに追い込まれると、トラップを仕掛けられるリスクが出てくる。そのためセンターラインを越える際には、センターサークルの近くから越えることがポイント。そしてスピードは大事な要素だが、スピードだけで抜こうとするとディフェンスに読まれて対応される。そこで最初はゆっくりとボールをつきながらディフェンスと駆け引きして一気に抜く。

パス

アウトナンバーを パスで攻略する

ねらい

Menu **063** スリーメン・ツーディフェンス

人数	5人
時間	5〜10分

目標値 ★	初	中	上
	3本	4本	5本

オールコートで30秒行ったうち、シュートを決めた本数

≫ 勝利の4原則

- 自チームのシュート本数を増やす・減らさない
- 自チームのシュート成功率を上げる
- 相手チームのシュート本数を減らす・増やさない
- 相手チームのシュート成功率を下げる

▼ やり方

1. オフェンス側の3人がベースラインに等間隔で並ぶ。
2. ディフェンス2人は、ミドル（コート中央）をドリブルで割られないイメージで、横に並んでポジションをとる。
3. オフェンス側はミドルライン（中央）の選手を中心にボールを左右に展開しながらシュートに持ち込む。

❓ なぜ必要?

アウトナンバー状態の速攻

3対2というアウトナンバーの（数的に有利な）状況で、パスを主体とした速攻ができるようになるため。

重要ポイント！

フェイクを入れてディフェンスをだます

ボールを左右に展開する動きをフェイクとして使ってディフェンスをだまし、リターンパスを出すなど工夫して攻略する。

 Extra

走るコース、パスのタイミングを使い分ける

何往復もしているうちに、だんだんとディフェンスの位置は崩れていく。その状況に応じて、パスの出しどころも変わっていくので注意しよう。ディフェンスが並んでいれば奥のスペースが空くので1人が走り込む。（この写真のように）縦に並んでいる場合、サイドにいる2人の選手が走り込むことでディフェンスを守りづらくさせることができる。走るコース、パスのタイミングを使い分け、（72ページの）スリーメンと同じ本数のシュートを一定時間内に決められるようになろう。

ディフェンス

リバウンドの意識を高め技術を身につける

Menu 064 リバウンドゲーム

人数	4～10人
時間	3～5分

目標値	初	中	上
★	9点	12点	15点

1分間の攻防を行い、取った点数をチームで合計する

≫ 勝利の4原則

- 自チームのシュート本数を増やす・減らさない
- 自チームのシュート成功率を上げる
- 相手チームのシュート本数を減らす・増やさない
- 相手チームのシュート成功率を下げる

▼ やり方

1. トップとゴール下でそれぞれ1対1の状況をつくり、2対2で対決する。
2. トップのボールマンⒶがシュートを打つ。
3. ディフェンス①がⒶを、②がⒷをそれぞれボックスアウトする。
4. ディフェンスがリバウンドを取ったら1点、オフェンスがリバウンドを取っても1点。

❓ なぜ必要?

ディフェンス陣が協力して得点を奪う

ディフェンスの目的は、相手を嫌がらせ、苦しいシュートを打たせること。そのディフェンスの努力をムダにしないため、リバウンドを取って結実させる。

重要ポイント!

ボックスアウトの徹底

シュートが放たれた瞬間にディフェンスは、オフェンスの選手にコンタクトしてゴールに近づかせない「ボックスアウト」を習慣づける。逆にオフェンスはそのディフェンスをすり抜けてオフェンスリバウンドにトライする。

Extra

他の練習でもリバウンドの意識を持つ

このようなリバウンド練習だけでなく、他のテーマの練習でもリバウンドに高い意識を持って臨むように。その積み重ねがリバウンド力向上につながる。

▲ジャングルドリルのような練習はもちろん……

▲シューティングの練習であってもリバウンドの意識を持って臨もう

コンビネーション

サイドラインからの
フォーメーションを準備する

人数	8〜10人		
時間	5〜10分		
目標値 ★	初	中	上
	3回	4回	6回
10回攻めたうち、シュートを決めた回数			

Menu **065** アウトオブバウンズプレー②

≫ 勝利の4原則
- 自チームのシュート本数を増やす・減らさない
- **自チームのシュート成功率を上げる**
- 相手チームのシュート本数を減らす・増やさない
- 相手チームのシュート成功率を下げる

▼やり方
1. オフェンス5人、ディフェンス5人がそれぞれポジションにつく（写真A）。
2. コンビネーションプレーなどでシュートチャンスをつくり、シュートを決める。
3. いくつかのパターンを準備しておく。

◀Ⓐがインバウンダー（パスを出す選手）となり、サイドラインの外でボールを持つ。Ⓑ、Ⓒ、Ⓓがフリースローラインに沿って並ぶ。Ⓔがフリースローラインの延長線上にポジションをとる

◀Ⓑがセットしたスクリーンを使って、Ⓔがボールサイドに走り込む

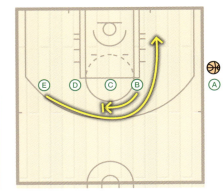

◀ Ⓑは、Ⓓがセットしたスクリーンを使って逆サイドに移動する

◀ その直後にⒹはトップにポップアウトして（飛び出して）Ⓐからパスを受ける

◀ ⒹはⒷとのコンビネーションプレーなどでシュートチャンスをつくる

❓ なぜ必要？

2種類のアウトオブバウンズプレー

ベースラインからの「アウトオブバウンズプレー」だけでなく、サイドラインからのアウトオブバウンズプレーも準備しておく（ベースラインのほうは136ページへ）。なお、それぞれフォーメーションは数多く考えられるが、選手が覚えられる量にも限度があるので注意が必要だ。

👆 重要ポイント！

試合状況に応じてシュートかパスか判断する

ベースラインと同様、試合状況によって、インバウンズパスを確実に通すことを最優先にするか、シュートチャンスをつくるかを的確に判断すること。そしてディフェンスの対応によって、別の選手もパスを受けられるようにしておく。

149

1on1 オフェンス

自分より少し上の相手に挑戦して1対1力アップ

ねらい

Menu 066　1on1 コンペ

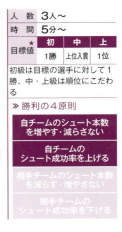

人　数	3人〜		
時　間	5分〜		
目標値	★初	中	上
	1勝	上位入賞	1位

初級は目標の選手に対して1勝、中・上級は順位にこだわる

» 勝利の4原則

自チームのシュート本数を増やす・減らさない

自チームのシュート成功率を上げる

相手チームのシュート本数を減らす・増やさない

相手チームのシュート成功率を下げる

▼ やり方

1. チームのレベルに合わせてルールを決める。
2. 初回はじゃんけんなどで対戦相手をランダムに選び、1対1で勝負する。
3. 勝ちが多い順にランキングをつけ、2回目以降はそのランキングをもとに、このメニューを行う。

 重要ポイント！

ルール

1. ランキングが1つか2つ上の人に対戦の申込み（チャレンジ）ができる。チャレンジされた人は断れない
2. チャレンジャーが先攻
3. チャレンジャーが勝ったら順位入れ替え
4. 同じ人と続けて戦ってはいけない
5. 3回に1回は必ず上のランクに挑戦する

決めておくべきルール

1. ドリブルとリバウンドの回数
2. 決着のつけ方。サドンデス（シュートが1本決まったら終わり）or得点or本数など
3. シュートファールはフリースローか、やり直しか
4. 使って良いテクニックを指定する

? なぜ必要？

相手に挑戦

自分よりも少し上の相手へ挑戦することで、より上達のスピードを上げることができる。ゲーム形式で行うことでモチベーションアップにもつながる。

12th Month
試合にアジャストする

試合ではなにが起こるかわからない。
予想外の事態にどう対応するかが明暗を分ける。
個人として、チームとしての対応力を備えよう。

シュート

シュートに持ち込むタイミングを相手の対応によってズラす

Menu **067** フラッシュシューティング

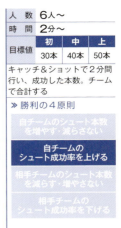

人数	6人〜
時間	2分〜

目標値	初	中	上
	30本	40本	50本

キャッチ＆ショットで2分間行い、成功した本数。チームで合計する

≫ 勝利の4原則

自チームのシュート本数を増やす・減らさない

自チームのシュート成功率を上げる

相手チームのシュート本数を減らす・増やさない

相手チームのシュート成功率を下げる

▼やり方

1. 二手に分かれて並ぶ。
2. 先頭の選手Ⓐが数歩走ったところで反対側の選手Ⓑがパスを出す。
3. ⒶはⒷからのパスを受けてシュート。次にⒷが数歩走り、Ⓒからのパスを受けてシュートする。
4. 同様に2分間くり返す。

❓ なぜ必要？

シュートのバリエーションを増やす

試合ではディフェンスの対応によって、シュートへの持ち込み方が変わってくるため。他にもいろいろな対応を想定して、シュートのバリエーションを備える。

ブレーキフットを使う

走る動作をしっかりと止めることがポイント。この足を「ブレーキフット」という。バランスよく止まることで次の動作を素早く、しかもバランス良く実行できる。

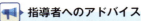

相手の動きの「裏」を準備する

プレーを増やす考え方としては「表」に対して「裏」を準備するということです。ひとつのプレーに対して『もし相手がこう対応してきたら……』という発想でプレーを広げていくわけです。

3つのシュートパターン

1≫ウイング付近からドリブルし、トップのエリアで急に止まりシュートを打つ

2≫ドリブルを止めたあと、ゴール方向に大きくステップを踏みながらシュートを打つ

3≫ウイングでボールを持つパートナーの方向にボールサイドカットしながらパスを受ける。ターンしてジャンプシュートを打つ

ドリブル

ダブルチームのディフェンスにつかまらないように突破する

ねらい

Menu 068 1on2 ボールダウン

人 数	4人		
時 間	1人8秒		
	初	中	上
目標値★	制限なし	8秒	センターサークル8秒

初級と中級はハーフラインを通過する、上級はセンターサークルを通過する

≫ 勝利の4原則

自チームのシュート本数を増やす・減らさない

自チームの
シュート成功率を上げる

相手チームのシュート本数
を増やす・減らさない

相手チームの
シュート成功率を下げる

▼ やり方

1. ベースラインの外からインバウンズパスを受けて、1対1をスタート。
2. もう1人のディフェンスは、センターライン付近にポジションをとる。
3. ボールマンは、2人のディフェンスをドリブルで振りきってフロントコートに入る。
4. シュートまで持ち込むかどうかは、練習の目的に応じて決める。

❓ なぜ必要？

2人にマークされたときの対処

1on1ボールダウン（142ページ）のように自分のマークマンを抜こうとしたとき、別のディフェンスがダブルチームで対応してくるケースがあるため。

早い段階で1人目を抜き去っておく
挟まれた場合は2人の間を割るか、リトリートへ

ドリブルをつき始めた時点で、2人目のディフェンスの動きを察知しておくことがポイント。ダブルチームでディフェンスされたときは、2人の間を割るドリブルが効果的。だが理想は2人目が寄ってくる前に1人目のディフェンスを抜き去っておくこと。それによってダブルチームを回避できる。さらにボールを運ぶときにサイドへ追いやられると、逃げ場がなくなる。パスコースを増やすという意味でもリトリートを活用してミドルライン（コート中央部）を目指そう。

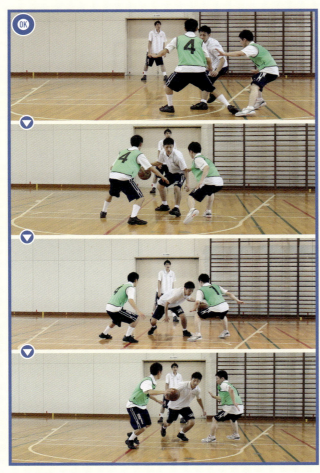

◀ドリブルを開始したときに2人目のディフェンスに気づかないと、ダブルチームされたときにパニックに陥ってミスにつながるので注意しよう

パス

パッシングゲームを可能にする総合練習
ねらい

Menu **069** パッシング 5on5

人 数	8〜10人
時 間	5〜10分

目標値	★初	中	上
	3回	4回	5回

パスのみ10回のオフェンスを行い、成功した回数

≫ 勝利の4原則

- 自チームのシュート本数を増やす・減らさない
- 自チームのシュート成功率を上げる
- 相手チームのシュート本数を減らす・増やさない
- 相手チームのシュート成功率を下げる

▼ やり方

1. ハーフコートで5対5の状況をつくる。
2. オフェンスはダミーディフェンスに対し、チームオフェンスの基本となるパス回しをする。
3. 決まった本数または時間のあと、シュートするかライブの5対5を行うか、練習の目的によって決める。

重要ポイント！

パッシングゲームの基本例
ノーマークのシュートチャンスをつくる

◀▲ツーガードポジションのボールマンⒶが、ウイングのⒷにパス。Ⓑはさらに、インサイドからコーナーに出て来たⒺにパスを回す

▲▼ボールマン Ⓔ は、ウイングに移動してきた Ⓐ にパスを出し、さらに Ⓒ へとパスを展開する

◀ Ⓒ は Ⓓ にパスを出してボールサイドカットし、(1) のリターンパスを受けてシュート。またボールがないサイドでは、Ⓔ がセットしたスクリーンを使って Ⓐ がノーマークになり、Ⓓ から (2) のパスを受けてシュートチャンスをつくる

▲また、スクリーンをセットした Ⓔ がダイブする（ゴール方向に動く）ことによって、Ⓓ からパスを受けてシュートに持ち込むこともできる

5人の息を合わせてパスを回す

試合で5人のパスがスムーズに回り、チームオフェンスが5人のイメージどおりに展開されることを目指す。ボールの保有率が高ければ負けにくくなるためだ。ディフェンスに取られないようにパスを回そう。

1on1オフェンス

ヘルプディフェンスのブロックをくらわないようにシュートする

ねらい

Menu **070** 1on2

人数	3人
時間	3〜5分
目標値	初 2本 / 中 3本 / 上 4本

5本行ったうち、シュートを決めた本数

» 勝利の4原則

- 自チームのシュート本数を増やす・減らさない
- **自チームのシュート成功率を上げる**
- 相手チームのシュート本数を減らす・増やさない
- 相手チームのシュート成功率を下げる

▼ やり方

1. ウイングで1対1の状況をつくり、もう1人のディフェンスがゴール下で待ち構える。
2. 1対1をスタートし、ボールマンが制限区域に入ったら、もう1人のディフェンスがゴール下から出てくる。
3. ボールマンは1対2の状況でもシュートを決めきる。

重要ポイント！

ディフェンスをかわす2つの方法

シュートテクニックを備えておくことで2人のディフェンスをかわすことができる。

1» ユーロステップ

▲ドリブルを止めたあと、大きなステップでディフェンスをかわしながらゴールへ向かい、シュート

2≫ギャロップステップ

▲ドリブルを止めたあと、ディフェンスの間を割るようにジャンプして両足着地し力強くシュートに持ち込む。ヘルプディフェンスの動きも察知しておかないとブロックされるので気をつけよう

❓ なぜ必要?

1人抜いても油断せず、ヘルプマンも抜き去る

試合ではアウトサイドからディフェンスを抜き去っても、インサイドでヘルプマンが待ち構えている。ブロックショットされないようなステップの踏み方や、シュートテクニックを備えておく。

ディフェンス

ディフェンスとリバウンドが勝利に不可欠だと意識づける

ねらい

Menu 071　ディフェンス勝ち残りゲーム

人数	8～10人
時間	5～10分

目標値	初	中	上
★	3回	5回	7回

連続で勝ち残った回数

》勝利の4原則

- 自チームのシュート本数を増やす・減らさない
- 自チームのシュート成功率を上げる
- 相手チームのシュート本数を減らす・増やさない
- 相手チームのシュート成功率を下げる

▼やり方

1. Aチーム5人がオフェンスし、Bチーム5人がディフェンスする。
2. ディフェンスリバウンドをBチームが取ったら勝ち残り、サイドラインで待機するCチームにパス（Aチームはコート外に）。
3. Cチームがベースラインからオフェンスを開始する前に、Bチームは自陣に戻ってディフェンスし、再びディフェンスリバウンドを取ったら勝ち残ってディフェンスを続けられる。
4. もしオフェンス（Cチーム）が得点を決めたら、そのまま残ってディフェンスを開始する。

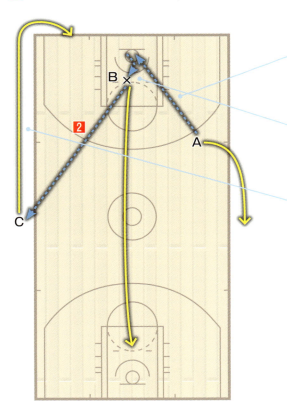

①シュートが外れたAチーム5人は、コートの外に出る

②ディフェンスリバウンドを取ったBチームは、Cチームにパスしたら速やかに自陣に戻る

③パスを受けたCチームのボールマンは、ベースラインに走りオフェンスを開始する

なぜ必要？

相手の分析・情報の共有
仲間同士で
コミュニケーションをとる

相手の誰にボールを持たせると危ないか、どのようにしてヘルプして守るかなどコミュニケーションをとれるようにする。

重要ポイント！

駆け引きをする習慣づけ

相手と駆け引きしながらディフェンスを成功させる習慣をつける。ハーフコートでも行えるが、オールコートを使うことによって、トランジション（攻防の切りかえ）のディフェンス強化になる。

Extra

ディフェンス強化を主眼とした実戦練習をもう一つ紹介しよう。

1. オフェンス5人はアウトサイドに、ディフェンス5人はゴール下に並び、コーチがボールを持つ。
2. コーチがオフェンスの1人にパスする。
3. ディフェンスがその選手に対してクローズアウトする（近寄る）とともに、他のディフェンス4人も適切にポジションをとる。
4. コーチからパスを受けた選手は、ドリブルかパスで攻撃を開始し、ディフェンスが勝てば（守りきれば）そのままディフェンスを続ける。
5. 3回連続でディフェンスを成功させたら、得点できなかったチームはダッシュするなどペナルティを設けると盛り上がる。

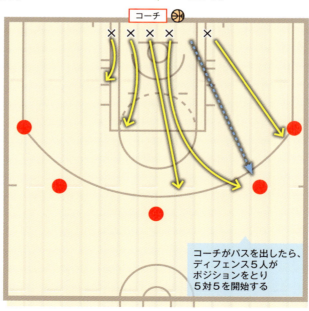

コーチがパスを出したら、ディフェンス5人がポジションをとり5対5を開始する

コンビネーション

大事な試合で接戦を勝ちきる戦い方を確認しておく

ねらい

Menu **072** シチュエーションドリル

人数	10人
時間	5～10分

目標値 ★	初	中	上
	3回	5回	7回

10回シチュエーションドリルを実践し、イメージどおりになった回数

≫ 勝利の4原則
- 自チームのシュート本数を増やす・減らさない
- 自チームのシュート成功率を上げる
- 相手チームのシュート本数を減らす・増やさない
- 相手チームのシュート成功率を下げる

▼ やり方

ラストワンプレーの試合状況で1点勝っているときや、1点負けているときを設定して5対5の練習を行う。

なぜ必要？

共通理解を持ってプレーする

試合の土壇場の状況で、コート上の5人が共通理解の下でプレーできるようになるため。リードしていてボールをキープするタイミングであるにもかかわらず、焦ってシュートを打ってしまう。逆に負けていて無理にでもシュートを打つべき状況でパスばかり、などのミスを防ごう。

重要ポイント！

ラストワンプレーで1点差 勝っているなら時間を使いきる 負けているなら中心選手を決めて攻める

ラストワンプレーの状況で、もし1点勝っているなら、そのまま試合を終わらせることが先決。攻撃時ならパスやドリブルを有効に使ってボールをキープする。逆に1点負けているなら、チーム内の誰のシュートを最優先に攻撃を組み立てるか確認する。さらに相手が対応したときを想定し、別のプレーに転じられるように備えておく。

Extra

シチュエーションごとの戦い方を考える

他にもいろいろなゲームシチュエーションを想定することができる。たとえば①残り1、2分で5点～10点勝っているとき、②または負けているとき。③時間や点数差だけでなく、相手チームの戦術・戦略に対応するための戦い方を、攻防両面で確認するシチュエーションドリルなど。いずれも大会前には効果的だ。

Routine
毎日継続してほしいトレーニング

ボールを持って実戦練習をするだけでは
身につけることが難しい能力。
それが身体能力と運動能力だ。
ここで紹介するメニューを取り入れて、
基礎的な力も養っていこう。

Routine

体の中心部を鍛えるとともに信号を通りやすくする

Menu 073 体幹トレーニング

人数 1人
時間 1〜3分

▼やり方

A 腕立て伏せを始める前の姿勢をとり、背中から足のラインが一直線になるようにして、前を向く。

B 床に片方の手をついて、横向きの姿勢をとる。体のラインが一直線になるようにし、しっかりと顔を上げる。

C 仰向けの姿勢から両手と両足のカカトで体を支える。体のラインが一直線になるようにして、真上を向く。

❓なぜ必要?

体の中心部を鍛えてスキルの上達を促進する

腹筋や背筋など体の中心部にある「体幹」を鍛えることによって、体が安定し、スキルの上達を促進する。また相手に当たり負けない体の強さや、体のバランスを維持する力が備わる。

重要ポイント！

体幹は脳からの信号が通っていく道 ウォームアップに取り入れて 練習の効率アップをねらう

脳から発せられる信号は体の中心である「体幹」を通って両手両足に送られてプレーへとつながると考えられているため、練習を開始してすぐに行うことをおすすめする。すなわち、体幹を適度に刺激しておき、信号を通りやすくしておくわけだ。それによってその他の練習の効率アップが期待できる。

ただし、体幹トレーニングに時間をかけすぎると、他の練習時間が短くなってしまう。目安としては各種15秒を3セット程度。短時間のトレーニングを毎日、継続して行うことが大切だ。

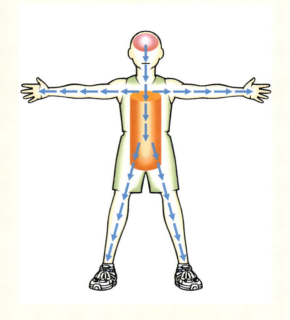

Extra

● A のレベルアップメニュー

腕立て伏せを始める前の姿勢（写真の姿勢）から、右手と左足を床と平行に伸ばす。次に左手と右足を伸ばす。また、同じようにスタートの姿勢から両腕を一気に曲げ伸ばしして体を浮かせ、その間に両手を叩いて元に戻るトレーニングでは、瞬発力を高めることができる。

● B のレベルアップメニュー

横向きの姿勢のまま、片手と上側の足（右足）を床につけて体を支え、床側にある足を逆足のヒザまで上げたり、床についていないほうの足を床と平行になるように上げるトレーニングもある。また、床についていないほうの手でボールを支えながら、両腕が一直線になるように腕を持ち上げるなど、アレンジすることもできる。

Routine

人数 1人
時間 3〜5分

ねらい 両手両足のつけ根を柔らかくし可動域を広げてさらに強化する

Menu 074 股関節・肩甲骨トレーニング

▼やり方

股関節① できるだけ大きく左右に開脚し、右手で右足の、左手で左足のつま先をタッチする。

股関節② できるだけ大きく前後に開脚し、右手で左足の、左手で右足のつま先をタッチする。さらに前足のヒザを曲げて肩を入れる。

肩甲骨① 四つんばいになって両手を床につき、肩甲骨を意識する。肩甲骨を中心に背中を上げ下げする。

肩甲骨② 肩甲骨を閉じて腕を後ろに引いた状態から、肩甲骨を広げて腕を前に伸ばす。

肩甲骨③ 肩甲骨を閉じて腕を下げた状態から、肩甲骨を広げて腕を真上に伸ばす。

股関節①

股関節②

肩甲骨①

肩甲骨②

肩甲骨③後ろから見たとき

肩甲骨③前から見たとき

❓ なぜ必要？

「つけ根」の可動域が広いほうが有利

両手両足の「つけ根」にあたる股関節・肩甲骨には、いろいろな向きに筋肉がついている。日常生活ではそのうちの一部の筋肉しか使っていないが、バスケットボールではすべての筋肉を有効に使えることが理想。それによって、脳と体幹からの信号が両手両足に伝わりやすくなる。特に股関節トレーニングはディフェンスに、肩関節トレーニングはボールを使ったプレーに好影響を及ぼす。

👍 重要ポイント！

継続することでケガの防止にも

短時間のトレーニングを毎日、継続して行うことが大切。日常生活では使わない筋肉も含めてまず伸縮をスムーズにする。そうして柔軟性を高めて可動域を広げ、さらに強化するという手順を踏むことがポイントとなる。このようなトレーニングはストレッチの意味合いも持ち、ケガの防止にもつながる。

Routine

人数 1人
時間 3〜10分

自分が思ったとおりに体を動かせるようにする

ねらい

Menu 075 カップリング（連結）

▼やり方

A スキップで進みながら、両手を真上、背後、体の前で叩く動作をくり返す。

B スキップで進みながら、ボールを体のまわりで周回させる（ボディサークル）。両足が空中にあるときにボールがちょうど背後にくるようにする。そうして着地しながらボールを体の正面に持ってくる。回す方向を3回ずつ、2回ずつ、1回ずつと変えて行う。

❓ なぜ必要？

運動能力を高めるために負荷をかける

練習で培ったスキルを試合で発揮できるよう、コーディネーション（運動能力）を高めるため。そのためにわざと手と足で別の動きを要求するなど負荷をかける。これを「外乱因子」という。

重要ポイント！

7つのコーディネーション能力

ここで紹介しているコーディネーションでは、複数の技術を同時に発揮する「①カップリング（連結）」という能力が培われる。コーディネーションにはその他、6つの能力があるのでここで整理しておく。

①連結（カップリング）…複数の技術を同時に発揮する能力。紹介した練習はこれに該当する。
②バランス…安定した状態を維持してプレーする能力。
③識別…動きに変化をつけたり、強弱をつける能力。
④空間認知…自分とボールや相手、ゴールなどとの位置関係を正確に把握する能力。
⑤反応…素早く反応する能力。
⑥リズム…一定の決められたリズムで動く能力。
⑦変換…状況に対応する能力。

Routine

どんな状況でもレイアップシュートを決める力を備える

ねらい

人数 1人
時間 3〜10分

Menu 076 コーディネーションレイアップ

▼ やり方

A お腹の前でボールを持ってゴールへと向かい、ボールを腰の高さで周回させてからレイアップシュート。

B ボールを周回させながらロールジャンプし、着地と同時にリングを見てレイアップシュート。

なぜ必要？

体やボールを思ったとおりに動かす

試合で使う技術ではなく、自分の体やボールを思ったとおりに動かすため。難しい動きのあとでもシュートはしっかり決めよう。

重要ポイント！

1人でもチームでも楽しみながら能力アップ

チーム練習で行うのに加え、自主練習に取り入れるのもおすすめ。楽しみながらシュート力やボールハンドリング、そしてボディバランスを向上させられる。

Extra

ステップを減らすなどのアレンジをする

この練習にはいろいろなバリエーションがある。たとえば……。
- 背後から片手で浮かしたボールを体の前でキャッチしてシュート。
- ボールを周回させてから2ステップではなく、1ステップでシュート。
- ボールを周回させてから両足の間を通してシュート。

これらを、目をつぶって行い、ジャンプしたら目を開けてレイアップシュートを決められるようにする。さらにボールを2つ使って行うコーディネーションレイアップもあることを知っておこう。

Routine

筋肉に適度な信号を送り体が温まったら取り入れる

ねらい

人数	1人
時間	3〜5分

Menu 077 アジリティ＆ジャンプトレーニング

▼ やり方

アジリティ① 床に引かれているラインを中心に、左右に素早く低いジャンプで移動する。前後ジャンプも行う。

ジャンプ① ゴール下に立ち、両足踏みきりのジャンプで、バックボードを目がけてジャンプする。

ジャンプ② ゴールから離れてスタートし、片足で踏みきるランニングジャンプでバックボードを目がけてジャンプ。次に踏みきり足を変えて行う。

ジャンプ③ ゴム飛びの要領で連続ジャンプを行う。

アジリティ① 左右

前後

▲レベルアップとして顔を上げてできるようになるのがベスト

❓ なぜ必要？

継続してジャンプ力をつけ、より俊敏に動けるように

バスケットボールの競技性からジャンプ力は不可欠。通常の練習でも備わるが、少しずつ継続的にトレーニングすることで飛躍的な伸びが期待できる。

ジャンプ①

ジャンプ②

ジャンプ③

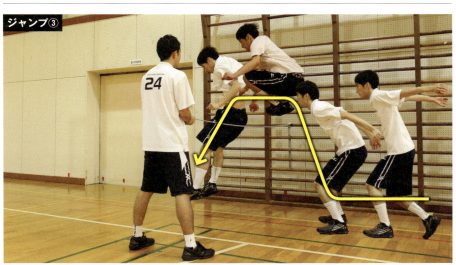

重要ポイント！

ジュニア選手は回数設定を慎重に

全力でジャンプする機会を日々の練習でつくることがポイント。だが、成長期にある選手はジャンプの回数設定は慎重に行うこと。大きなケガにつながる恐れもあるので注意しよう。

CONCLUSION
おわりに

「どのような選手になっていきたいか、将来的なビジョンを持とう」

　1年間の練習メニューの流れを理解したうえでこのように感じられたのではないですか？
『たくさんの練習方法があるんだな』
　その通りです。バスケットボールがうまくなるには、いろいろなアプローチの方法があります。今回はページ構成の事情で、ひとつのメニューにつき限られたパターンの練習しか紹介できませんでしたが、練習に負荷などを加えることによってレベルを上げることもできます。目標の回数や時間を難しくすることでレベルアップが図られるのです。
　日々の練習でくり返す「ルーティーン」についてもそうです。今回は最低限のメニューにしか触れられませんでしたが、ここで必要性を感じた方はさらに工夫しながら取り組んでいただけることを期待します。
　その際にこれを忘れないでくださいね。
『目標を設定して取り組む』

　全国大会に出場したい、都道府県大会に出場したい、そうした目標を達成できるように練習メニューを設定して目的を理解し、日々工夫を重ねてください。さらに「その向こう側」も少しずつ意識すると、よりやる気が出るかもしれません。大会が終わったあと、どのような選手になっていきたいかという将来的なビジョンです。
　今のチームに求められることに加え、まさに自分が感じる必要性に基づいて練習を構成し、展開していく姿勢を備えるわけです。
　チームプレーを大事にしつつ、自立したすばらしい選手になっていくことを、そしてコーチの方々には、そのような選手を育てていただけることを心から願っています。

鈴木良和
中田和秀

監修・著 **鈴木 良和**（すずき・よしかず）
1979年生まれ　茨城県出身

株式会社ERUTLUC代表。千葉大学教育学部スポーツ科学課程卒、同大学大学院教育学研究科保健体育専攻修了。大学院在学中にバスケットボールの家庭教師事業を立ち上げ、現在に至る。「なりうる最高の自分を目指そう」を理念に、ジュニア期のコーチングの専門家として活動を展開している。

監修・著 **中田 和秀**（なかだ・かずひで）
1983年生まれ　埼玉県出身

中学2年生のときにバスケットボールを始め、大学在学中に指導を開始。一般企業の勤務を経て、大好きなバスケットボールに携わるためERUTLUCの指導員に。現在は本書のテーマである「目標設定」を専門に担当し、選手や指導者の育成にあたっている。

撮影協力　**ERUTLUC コーチ陣**

株式会社ERUTLUCは、2002年に鈴木良和（著者）が設立。主に関東近郊の小学生から高校生を対象としたバスケットボール教室、出張指導、クリニック、キャンプの他、指導者の研究会などを主宰している。コーチ陣は、理論的でかつとてもわかりやすい指導者として定評がある。

（公式ホームページ　http://basketballtutor.com/）

デザイン／有限会社ライトハウス
　　　　　黄川田洋志、井上菜奈美、田中ひさえ、
　　　　　今泉明香、藤本麻衣
イラスト／丸口洋平
写　　真／桜井ひとし
編　　集／渡辺淳二、黄川田洋志、松川亜樹子（ライトハウス）

差がつく練習法
バスケットボール　目標設定ドリル

2015年11月25日　第1版第1刷発行
2019年 5 月20日　第1版第5刷発行

監 修・著／鈴木良和・中田和秀

発 行 人／池田哲雄
発 行 所／株式会社ベースボール・マガジン社
　　　　　〒103-8482
　　　　　東京都中央区日本橋浜町2-61-9 TIE浜町ビル
　　　　　電　話　　03-5643-3930（販売部）
　　　　　　　　　　03-5643-3885（出版部）
　　　　　振替口座　00180-6-46620
　　　　　http://www.bbm-japan.com/
印刷・製本／広研印刷株式会社

©Yoshikazu Suzuki, Kazuhide Nakada 2015
Printed in Japan
ISBN 978-4-583-10843-8 C2075

＊定価はカバーに表示してあります。
＊本書の文章、写真、図版の無断転載を禁じます。
＊本書を無断で複製する行為（コピー、スキャン、デジタルデータ化など）は、私的使用のための複製など著作権法上の限られた例外を除き、禁じられています。業務上使用する目的で上記行為を行うことは、使用範囲が内部に限られる場合であっても私的使用には該当せず、違法です。また、私的使用に該当する場合であっても、代行業者等の第三者に依頼して上記行為を行うことは違法となります。
＊落丁・乱丁が万一ございましたら、お取り替えいたします。